Inhalt

W0190470

100% übersichtlich

Erleben Sie 100% München auf sechs Spaziergängen. Jedes Kapitel im 100% Cityguide ist einem Spaziergang gewidmet. Am Kapitelende gibt es eine Karte mit der Kurzbeschreibung des Spaziergangs. Auf der Karte in der vorderen Umschlagklappe sehen Sie die drei Kartenausschnitte im Überblick. Dort finden Sie anhand der Buchstaben Ⓐ bis Ⓧ alle Hotels sowie die Sehenswürdigkeiten und Ausgehtipps, die nicht auf einem der Spaziergänge liegen.

In den sechs Kapiteln beschreiben wir ausführlich, welche Sehenswürdigkeiten Sie auf den Spaziergängen entdecken können und wo man gut essen, trinken, shoppen, feiern und relaxen kann. Alle Adressen sind mit einer Nummer ① gekennzeichnet, die Sie im Stadtteilplan am Ende des Kapitels wiederfinden. An der Farbgebung der Nummer können Sie erkennen, zu welcher Kategorie die jeweilige Adresse gehört:

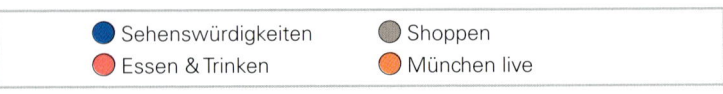

● Sehenswürdigkeiten	● Shoppen
● Essen & Trinken	● München live

SECHS SPAZIERGÄNGE

Zu jedem Kapitel gehört ein Spaziergang, der – ohne Besuch der genannten Adressen – ungefähr drei Stunden dauert. Die Länge der Strecke (in km) finden Sie über der Wegbeschreibung und auf den einzelnen Stadtteilplänen sehen Sie den genauen Verlauf der Route. Die Beschreibung neben dem Stadtplan führt Sie entlang der Sehenswürdigkeiten zu den schönsten Adressen. So entdecken Sie fast nebenbei die besten Shopping-Gelegenheiten, die nettesten Restaurants und die angesagtesten Cafés und Bars. Wer irgendwann keine Lust mehr hat, der Route zu folgen, kann aufgrund der Tipps und Pläne auch wunderbar auf eigene Faust Entdeckungen machen.

PREISANGABE BEI HOTELS UND RESTAURANTS

Um Ihnen eine Vorstellung von den Preisen in den Hotels und Restaurants zu geben, finden Sie bei den Anschriften stets auch die Preise. Die Angaben für Hotels beziehen sich auf ein Doppelzimmer mit Frühstück pro Nacht, es sei denn, es ist etwas anderes angegeben. Die Angaben für die Restaurants nennen – wenn nicht anders verzeichnet – den Durchschnittspreis eines Hauptgerichts.

ESSGEWOHNHEITEN IN MÜNCHEN

Egal, ob Sie nun Appetit auf bayerische Schmankerl wie Schweinshaxe, Bratwurst, Hendl und Bier haben oder auf kreolische und äthiopische Küche, ob Sie eher Vegetarisches oder Veganes bevorzugen, die Fusionsküche lieben oder Biokost mögen – wer das riesige gastronomische Angebot der Stadt durchprobieren will, wird einige Zeit brauchen.

Auf jeden Fall sollten Sie mindestens einmal ein Weißwurstfrühstück einplanen. Weißwurst wird aus Kalbs- und Schweinefleisch hergestellt und muss traditionsgemäß vor 12 Uhr verspeist werden. Dazu gibt es in der Regel Brezn, süßen Senf und natürlich Weißbier. Mittags und abends kommen in der bajuwarischen Küche oft Kartoffelsalat oder deftige Semmel- oder Kartoffelknödel auf den Tisch, häufig als Begleiter zu Schweinebraten oder Brathähnchen. Beliebt sind auch Gerichte aus Innereien wie zum Beispiel Kalbs- oder Rinderzunge oder das traditionelle Lüngerl. Wer es eher süß mag, sollte unbedingt die leckeren Mehlspeisen wie Kaiserschmarrn, Dampfnudeln oder Apfelkücherl probieren.

Wenn die Witterung in München es zulässt, sollten Sie sich Zeit nehmen für einen ausgiebigen Biergartenbesuch. Entstanden sind die Biergärten im frühen 19. Jahrhundert, als Bierbrauer an der Isar Bierkeller anlegten und diese oberirdisch als Schutz vor der Sonne mit großblättrigen Bäumen, meist Kastanien, bepflanzten, unter denen man Bier ausschenkte. Das Schöne daran ist, dass es gesetzlich erlaubt ist, sich hier seine eigene Brotzeit mitzubringen, wovon viele Münchner auch ausgiebig und gerne Gebrauch machen. In München sind Biergärten sehr zahlreich und in der ganzen Stadt zu finden. Ein bekannter und auch schöner Biergarten ist der des Augustiner Kellers an der Arnulfstraße.

In Restaurants und Cafés wird ein Trinkgeld von etwa 5–10 Prozent erwartet, je nach Endbetrag.

FESTIVALS

In München ist immer etwas los. Dies sind die interessantesten Feste und Festivals:

Stadtgründungsfest: München wurde am 14. Juni 1158 von Heinrich dem Löwen gegründet, was alljährlich mit Aktivitäten zwischen dem Marienplatz und dem Odeonsplatz gefeiert wird.

Auer Dult: Dreimal im Jahr (im Mai, August und Oktober) findet am Mariahilfplatz in der Au eine große Dult (Jahrmarkt) statt. *www.auerdult.de*

Tollwood: Vom jährlichen Tollwood-Festival gibt es eine Sommer- und eine Wintervariante. Neben zahlreichen Musik-, Theater- und Tanzvorstellungen wird ein Markt organisiert, auf dem es viele Essensstände gibt und Schmuck, Souvenirs und allerlei andere schöne Dinge verkauft werden. *www.tollwood.de*

Theatron Musik Sommer: Jedes Jahr im August wird der Olympiapark zum Schauplatz kostenloser Rock-, Pop-, Jazz- und Klassikkonzerte. Das Open-Air-Festival beginnt und endet mit einem riesigem Feuerwerk. *www.theatron.de*

Oktoberfest: Das Oktoberfest (Wiesn) ist das älteste, größte und sicher auch das bekannteste Volks- und Bierfest der Welt. Viele Münchner pflegen diese Tradition und tragen bei ihrem Wiesn-Besuch bayerische Tracht. Das dort ausgeschenkte Bier muss aus Münchner Brauereien stammen. Die Wiesn dauert 16–18 Tage und beginnt am ersten Samstag nach dem 15. September. *www.oktoberfest.de*

Christkindlmärkte: Im Dezember kommen Touristen vor allem wegen der traditionellen Weihnachtsmärkte in die Münchner Innenstadt. Dort kann man Weihnachtsschmuck kaufen und Glasbläsern und Holzschnitzern bei ihrer Arbeit zuschauen.

Mehr Informationen über aktuelle Events finden Sie unter *www.munichx.de* oder im kostenlosen Magazin *IN (www.in-muenchen.de)*, das in vielen Lokalen ausliegt.

GUT ZU WISSEN

Da München im Übergangsbereich zwischen dem maritimen Klima West-
europas und dem kontinentalen Klima Osteuropas liegt, ist das Wetter in der
Stadt manchmal wechselhaft. Vor allem in den Sommermonaten, wenn die
Temperaturen bis weit über 25 °C klettern und die Schwüle zunimmt, gehen
abends immer wieder mal heftige Gewittergüsse über der Stadt nieder. Im
Herbst und im Winter dagegen herrscht oftmals stabiles Hochdruckwetter.

GESETZLICHE FEIERTAGE

An Sonn- und Feiertagen sind die Geschäfte in München geschlossen und
die Öffnungszeiten der Sehenswürdigkeiten können abweichen. Außer den
religiösen Feiertagen Karfreitag, Ostermontag, Christi Himmelfahrt, Pfingst-
montag und Weihnachten (erster und zweiter Weihnachtstag) betrifft das den
1. Januar (Neujahr), den 6. Januar (Heilige Drei Könige), den 1. Mai (Tag der
Arbeit), den 2. Donnerstag nach Pfingsten (Fronleichnam), den 15. August
(Mariä Himmelfahrt), den 3. Oktober (Tag der Deutschen Einheit) und den
1. November (Allerheiligen).

HABEN SIE NOCH TIPPS?

Wir haben diesen Reiseführer mit großer Sorgfalt zusammengestellt. Da
das Angebot an Geschäften und Restaurants in München jedoch regelmäßig
wechselt, kann es sein, dass eine Empfehlung nicht mehr existiert. Besuchen
Sie in diesem Fall oder wenn Sie andere Anmerkungen oder Fragen zu diesem
100% Cityguide haben, unsere Webseite *www.100travel.de/muenchen* oder
schreiben Sie uns an *info@momedia.com*. Wir freuen uns über Ihre Hinweise,
neue Tipps und natürlich auch Fotos. Posten Sie diese gerne auf unserer face-
book fanpage: *facebook.com/100travel*.

Last but not least möchten wir noch bemerken, dass keine der vorgestellten
Adressen für ihre Erwähnung bezahlt hat, weder für den Text noch für die
Fotos. Alle Texte wurden von einer unabhängigen Redaktion geschrieben.

Hotels

In München gibt es Hotels, Pensionen und B&B-Zimmer für jeden Geldbeutel und jeden Geschmack, also auch für Designliebhaber und Familien mit Kindern, die das Praktische bevorzugen. Obwohl die Stadt 50.000 Gästezimmer verzeichnet, ist es vor allem während des Oktoberfestes und zu Messezeiten nicht einfach, eines zu ergattern. Deshalb empfiehlt es sich, rechtzeitig zu reservieren und sich frühzeitig nach Angeboten zu erkundigen. Die nachfolgenden Adressen finden Sie anhand der jeweiligen Buchstaben in der Übersichtskarte vorn im Cityguide. Die Angaben für Hotels beziehen sich auf ein Doppelzimmer mit Frühstück pro Nacht, es sei denn, es ist etwas anderes angegeben.

GÜNSTIGE PREISKLASSE

(A) Früher verbrachten die Wittelsbacher Fürsten die Sommermonate nur ein paar Schritte vom heutigen **Kapuzinerhölzl** entfernt, nämlich im schönen Schloss Nymphenburg. Heutzutage sind es vor allem Backpacker, die im **The Tent** vom Kapuzinerhölzl übernachten. Wie auf einem Campingplatz kann man auf dem Gelände sein eigenes Zelt aufstellen oder im großen Gemeinschaftszelt übernachten. Und den älteren Junggebliebenen sei gesagt: Es gibt keine Altersbegrenzung. Das Kapuzinerhölzl verfügt über Waschmaschinen, eine Küche und eine Cafeteria. Es werden auch Fahrräder verliehen.
in den kirschen 30, neuhausen-nymphenburg, www.the-tent.com, telefon: 089 1414300, geöffnet: juni-okt., preis: 10,50 € für ein bett im bodenzelt, straßenbahn: 17 botanischer garten

(B) Seit April 2012 betreibt Martina Rottmüller im Multikulti-Viertel Westend die **Pension Belo Sono**. Die gemütlichen Zimmer des Hauses, das zwischen den Wohnblocks nicht besonders auffällt, sind praktisch, aber mit Liebe eingerichtet. Neben Doppelzimmern mit eigenem Bad und Küche gibt es auch einige Einzelzimmer mit Bad auf dem Flur, ein Extrabett im Zimmer ist kein Problem. Frühstücken können Gäste des Hauses im Café Gollier, das sich im Erdgeschoss befindet.
gollierstraße 36, schwanthalerhöhe, www.pension-belo-sono.de, telefon: 089 54073864, preis: 59 €, u-bahn: 4 & 5 schwanthalerhöhe, straßenbahn: 18 & 19 schrenkstraße

Ⓒ Wer nicht unbedingt in der Innenstadt wohnen möchte, für den ist das **Hotel Achterbahn** eine gute Alternative. Die Inhaber Adrian und Ramona Porodan haben die acht einfachen Zimmer mit unterschiedlichen Farben gestaltet. Die jeweilige Farbe soll eine Emotion darstellen, die man während einer Achterbahnfahrt erlebt. Im hauseigenen Café Camera werden täglich Frühstück und Mittagessen serviert.

schwanthalerstraße 88, schwanthalerhöhe, www.hotelachterbahn.de, telefon: 089 536482, preis: ab 80 €, u-bahn: 4 & 5 theresienwiese, straßenbahn: 18 & 19 hermann-lingg-straße

Ⓓ Das **Hotel Cocoon** hat zwei Häuser in München: eines zwischen dem Sendlinger Tor und dem Goetheplatz und das andere am Karlsplatz/Stachus, beide also im Herzen der Stadt. Das erstgenannte ist jedoch das bessere. Die Zimmer im Stil der 1970er-Jahre sind mit einer iPod-Dockingstation, einem DVD-Spieler inklusive DVDs und (Gratis-)Internetzugang ausgestattet. In der Lobby findet man Kugelsessel, einen Wasserfall und einen Kamin. *lindwurmstraße 35, ludwigvorstadt, www.hotel-cocoon.de, telefon: 089 59993907, preis: ab 99 €, ohne frühstück, u-bahn: 1-3 & 6 sendlinger tor*

(E) Die **Pension am Jakobsplatz** ist eine einfache, familiengeführte Unterkunft im Herzen der Stadt zwischen Sendlinger Straße und Viktualienmarkt. Nicht nur die tolle Lage macht das Haus so interessant, sondern auch die Inhaber: Christoph und Sohn Marco stehen ihren Gästen mit Rat und Tat zur Seite und kennen die Stadt wie ihre Hosentasche. Die vier Zimmer sind komfortabel eingerichtet und verfügen alle über eine Dusche und ein Waschbecken. Zwei Zimmer teilen sich eine Toilette am Flur, sind dafür auch 10 Euro günstiger.
dultstraße 1, altstadt, www.pension-jakobsplatz.de, telefon: 089 23231556, preis: 90 €, u-bahn: 3 & 6, s-bahn: 1-4 & 6-8 marienplatz

MITTLERE PREISKLASSE

(F) In der **Pension Gärtnerplatz** im gleichnamigen Viertel kann man Touristen-ströme und Alltag hinter sich lassen. Die zehn Zimmer sind stilvoll eingerichtet: Im Sisi-Zimmer schläft man zum Beispiel in einem Himmelbett, "bewacht" von einem großen Mastiff-Hund aus Porzellan. Im selben Haus befindet sich das Café Pini, in dem die Inhaberin Andrea ihre Gäste mit Panini, Focaccia und hausgemachten Kuchen und Torten verwöhnt.
klenzestraße 45, isarvorstadt, www.pensiongaertnerplatz.de, telefon: 089 2025170, preis: ab 110 €, u-bahn: 1 & 2 fraunhoferstraße

(G) Das Designhotel **La Maison** in Schwabing ist ein Haus mit angenehmer Atmosphäre. Die schönen Holzböden, Antiquitäten und der Innenhof tragen maßgeblich zu einem entspannten Aufenthalt bei. Das Hotel liegt unweit vom Englischen Garten und den schönen Läden an der Hohenzollernstraße entfernt.
occamstraße 24, schwabing, www.hotel-la-maison.com, telefon: 089 33035550, preis: ab 119 €, u-bahn: 3 & 6 münchner freiheit

(H) Wer nicht in einem Nullachtfünfzehnhotel übernachten möchte, sollte sich im kleinen, privat geführten **Hotel Ritzi** in Haidhausen einquartieren, das im Grünen am Isarhochufer liegt. Das Hotel hat Kultstatus dank seiner individuell eingerichteten, jedoch nicht sehr großen Zimmer. Wer es cool mag, bucht das Surferzimmer, und für Tropen-Fans gibt es das Afrika- und das Balizimmer. Im selben Haus befinden sich auch eine Lounge und ein Art-déco-Restaurant, das Gerichte mit asiatischer Note serviert.
maria-theresia-str. 2a, haidhausen, www.hotel-ritzi.de, telefon: 089 414240890, preis: ab 149 €, u-bahn: 4 & 5 max-weber-platz

GEHOBENE PREISKLASSE

(I) Wer am liebsten unweit der Altstadt wohnt, aber keine Lust auf Hektik und Lärm hat, sollte sich im **Hotel Opéra** einquartieren. Das 1898 erbaute Haus liegt im Lehel und beherbergte einst das Feinkostgeschäft des Hoflieferanten Brutscher. Für die Kühlung der frischen Ware, die abends am Hof serviert wurde, nutzte der Geschäftsmann den kalten Eisbach, der unter dem Anwesen hindurchfließt. Die 25 Zimmer des eleganten Hotels sind ausnahmslos geschmackvoll mit antiken Stühlen, Spiegeln und Kronleuchtern eingerichtet.
st.-anna-straße 10, lehel, www.hotel-opera.de, telefon: 089 2104940, preis: 180 €, u-bahn: 4 & 5 lehel

(J) Die Zimmer des **Louis Hotels** in der Nähe des Viktualienmarkts wurden mit viel Liebe zum Detail eingerichtet: Badezimmerfliesen, die an die Pariser Metro erinnern, und hochwertige Materialien wie Naturstein, Edelhölzer und italienische Stoffe. Die unauffällige Fassade des Hauses lässt kaum erahnen, dass sich dahinter so viel Luxus verbirgt. Den Inhabern Kull und Weinzierl gehört übrigens auch das Restaurant Brenner Grill in der Maximilianstraße, die Bar Centrale in der Ledererstraße und das Hotel Cortiina vis-à-vis.
viktualienmarkt 6, altstadt, www.louis-hotel.com, telefon: 089 41119080, preis: ab 195 €, u-bahn: 3 & 6 marienplatz

(K) Direkt am Stachus liegt ein Hotel mit Topservice: das **Anna Hotel**. Die 56 Zimmer hinter der halbrunden Fassade sind einladend und stilvoll möbliert, und die Turmsuite mit dem exklusiven Bad bietet eine grandiose Aussicht über die Stadt. Die Küche hat sich auf asiatische und mediterrane Gerichte spezialisiert.
schützenstraße 1, ludwigvorstadt-isarvorstadt, www.annahotel.de, telefon: 089 5599940, preis: ab 220 €, u-bahn: 4 & 5 karlsplatz & hauptbahnhof

(L) In einem der ältesten Hotels der Stadt, dem **Bayerischen Hof**, geben sich die Schönen, Reichen und Prominenten die Türklinke in die Hand. Ob AC/DC, Michael Jackson oder Bill Clinton – alle schliefen bereits in einem der 373 Zimmer und Suiten dieses Hauses. Die Zimmer sind individuell eingerichtet und mit modernster Technik ausgestattet. Als Hotelgast hat man auch Zugang zum hauseigenen Spa (siehe The Blue Spa, Spaziergang 1, Nr. 10).
promenadeplatz 2, altstadt, www.bayerischerhof.de, telefon: 089 21200, preis: ab 345 €, u-bahn: 3 & 6, straßenbahn: 19 theatinerstraße

Unterwegs

Der internationale **Flughafen** von München – Munich Airport oder Flughafen Franz-Josef Strauß genannt – ist der zweitgrößte Deutschlands und liegt etwa 30 Kilometer vom Stadtzentrum entfernt. Eine Fahrt mit der S-Bahn (S1 oder S8) zum Hauptbahnhof dauert ungefähr 45 Minuten. Alternativ kann man den Lufthansa-Airport-Bus nehmen (www.airportbus-muenchen.de), der zwischen 6.25 und 22.34 Uhr zwischen Flughafen und Hauptbahnhof hin- und herpendelt und nicht nur Lufthansa-Passagiere mitnimmt. München wird täglich von allen großen deutschen Flughäfen sowie von Wien, Zürich und Basel angeflogen.

Der Münchner **Hauptbahnhof** liegt im Herzen der Stadt und ist Dreh- und Angelpunkt des öffentlichen Nahverkehrs. Die Zugverbindungen von und nach München sind erstklassig und dank ICE teilweise auch komfortabel und schnell.

Wer mit dem **Auto** nach München reist, muss vor allem in den Sommer-monaten, vor und nach Weihnachten sowie in der Wintersport-Hochsaison mit Staus auf der A8 und A9 und deren Zubringern rechnen. Der Bereich innerhalb des Mittleren Rings (Innenstadt) ist eine Umweltzone und darf nur mit einer entsprechenden Plakette befahren werden. Weitere Informationen gibt es unter: *www.muenchen.de/verkehr/autos/umweltzone.html*.

Der öffentliche Nahverkehr in München ist hervorragend ausgebaut. Außer **U- und S-Bahnen** gibt es auch Straßenbahnen und Busse. Die Stadt ist in drei große Tarifzonen (Ringe) aufgeteilt, die jeweils aus kleineren Abschnitten bestehen. In der Innenstadt (Ring 1) kann man mit einer Tageskarte (6,20 Euro) fast rund um die Uhr mit jedem Nahverkehrsmittel fahren. Eine Einzelkarte kostet 2,70 Euro und ist nur 3 Stunden gültig. Tipp: Mit einer Partnertages-karte (11,70 Euro für den Innenraum) können zum Beispiel 5 Erwachsene quer durch München fahren. Günstig ist auch die **CityTourCard**. Diese gilt eben-falls für alle Verkehrsmittel und gewährt zudem Rabatte von bis zu 50 Prozent für diverse Touristenattraktionen und Museen. Eine Tageskarte für eine Person kostet 10,90 Euro, eine 3-Tages-Karte 20,90 Euro. Alle Fahrkarten sind an den MVV-Automaten in Bahnhöfen und an Haltestellen sowie in Geschäften mit MVV-Logo erhältlich.

In München muss man nie lange auf ein **Taxi** warten – ein bequemes, aber auch teures Verkehrsmittel. Eine kurze Taxifahrt kostet circa 10 Euro, eine Fahrt in einen Außenbezirk 20, Euro und für eine Fahrt zum Flughafen fallen 51 Euro an. Aufpassen: Zur Oktoberfestzeit fahren Taxifahrer gern mal einen kleinen Umweg. Taxizentrale München: 0049 89 21610.

Sightseeing mal anders: am Stachus die Straßenbahnlinie 19 (Richtung St.-Veit-Straße) durch die Altstadt nehmen. Beim Maxmonument in die Straßenbahnlinie 18 umsteigen (Richtung Effnerplatz), um das Lehel zu sehen. Dort an der Tivolistraße in Bus 154 umsteigen zu einer Fahrt quer durch den Englischen Garten, Schwabing und die Maxvorstadt. An der Haltestelle Schellingstraße in die Straßenbahn 27 steigen, die an den Pinakotheken vorbei zurück zum Karlsplatz/Stachus fährt.

Altstadt West

Mönche, Geldadel und Ausflügler

Die Geschichte der drittgrößten Stadt Deutschlands begann vermutlich bereits im 10.–11. Jahrhundert, als Benediktinermönche an der Isar eine Siedlung gründeten, die "ad Munichen" (bei den Mönchen) genannt wurde. 1158 ließ Heinrich den Löwen eine Brücke über die Isar bauen, damit München Bestandteil der wichtigen Salzroute wurde. Heute ist München eine In-Stadt, die in jeder Hinsicht viel zu bieten hat, und von den Münchnern auch gern und mit gewissem Stolz als "nördlichste Stadt Italiens" bezeichnet wird.

Obwohl München heute fast 1,5 Millionen Einwohner hat, ist die Altstadt sehr kompakt. Jahrhundertelang spielte sich das Leben innerhalb der Stadtmauern ab, an deren Stelle sich heute der verkehrsreiche Altstadtring befindet. Das Zentrum der Landeshauptstadt ist nach wie vor der berühmte Marienplatz mit dem Alten und Neuen Rathaus und der Mariensäule. Vom Platz führen bedeutende Straßen in alle Himmelsrichtungen: die Wein- und Theatinerstraße Richtung Norden bis zum Odeonsplatz, das Tal Richtung Osten bis

zum Isartor, die Sendlinger Straße Richtung Süden bis zum Sendlinger Tor und die Kaufingerstraße und Neuhauser Straße Richtung Westen bis zum Karlstor.

Der Nordwesten der Altstadt wird auch das "königliche München" genannt. Stattliche Paläste (Preysing-Palais) und Klosteranlagen (Karmeliterkirche), breite Prachtstraßen (Kardinal-Faulhaber-Straße) und große Plätze (Promenadeplatz) bestimmen das Stadtbild.

In der Kaufinger- und Neuhauser Straße, einer der meistbesuchten Fußgänger-zonen Europas, drängeln sich täglich Abertausende Touristen und Einheimische, Familien und Schulklassen. Hier gibt es viele schicke Geschäfte, aber auch günstige Ladenketten. In der Sendlinger Straße und ringsherum findet man viele kleine Geschäfte – von Teeläden über Boutiquen bis hin zu Souvenirshops. Shoppingvergnügen ist hier garantiert. Der vor einiger Zeit noch wenig an-sehnliche St.-Jakobs-Platz hat sich seit der Eröffnung des Jüdischen Museums und der Renovierung des Stadtmuseums zu einem Schmuckstück gemausert.

6 Insider-Tipps

Servus Heimat

Fröhlichen Kitsch als Mitbringsel kaufen.

Café Frischhut

Eine frische Schmalznudel oder Auszog'ne probieren.

Münchner Stadtmuseum

Alles über die 800-jährige Geschichte der Stadt erfahren.

Asamkirche

Eine Kirche voller Prunk und Pracht besichtigen.

Augustiner Klosterwirt

Eine Mass trinken, wo Mönche einst ihr Bier brauten.

Schrannenhalle

In einer wunderbaren Markthalle shoppen und schlemmen.

● **Sehenswürdigkeiten**
● **Shoppen**

● **Essen & Trinken**
● **München live**

Sehenswürdigkeiten

③ Schon mehr als 400 Jahre bewacht die Bronzestatue des Erzengels Michael den Eingang der prachtvollen **Jesuitenkirche St. Michael** in der Münchner Fußgängerzone. Die Fassade der Barockkirche wurde kürzlich restauriert und erstrahlt wieder in altem Glanz. Beim Eingang ist in einer kleinen Ausstellung zu sehen, wie schwer die Kirche in den Kriegsjahren beschädigt worden ist. Im hinteren Bereich des Gotteshauses, rechts vom Altar, befindet sich der Eingang zur Fürstengruft der Wittelsbacher, in der neben dem "Kini" – König Ludwig II. – auch 35 seiner Verwandten beigesetzt sind.

neuhauser straße 6, www.st-michael-muenchen.de, telefon: 089 2317060, geöffnet: mo & fr 10.00-19.00, di-do & sa 8.00-19.00, so 7.00-22.15, fürstengruft mo-do 9.30-16.30, fr 10.00-16.30, sa 9.30-14.30, eintritt: fürstengruft 2 €, u-bahn: 4 & 5 karlsplatz, s-bahn: 1-4 & 6-8 karlsplatz

⑤ Die zwei fast 100 Meter hohen Zwiebeltürme der **Frauenkirche** (Münchner Dom) sind schon von Weitem sichtbar. Leider kann man sie zurzeit nicht besteigen, da sie wegen Renovierungsarbeiten bis auf Weiteres geschlossen sind. Doch auch das Innere des aus dem Jahr 1494 stammenden Backsteinbaus ist sehenswert. Der Legende nach handelt es sich beim sogenannten Teufelstritt im Eingangsbereich um den Fußabdruck des Teufels. Und, haben Sie etwa die gleiche Schuhgröße?

frauenplatz 12, www.muenchner-dom.de, telefon: 089 2900820, geöffnet: mo-mi & sa-so 7.00-19.00, do 7.00-20.30, fr 7.00-18.00, eintritt: frei, u-bahn: 3 & 6 marienplatz, s-bahn: 1-4 & 6-8 marienplatz

⑦ Schon im Mittelalter war der **Marienplatz** das Zentrum von München, damals bereits die bedeutendste Stadt Süddeutschlands. Zu jener Zeit hieß der Platz noch Schrannenmarkt, da hier täglich ein Markt stattfand. Erst 1854 wurde er nach der Mariensäule in der Mitte des Platzes in Marienplatz umbenannt. Lassen Sie Ihren Blick schweifen und betrachten Sie das neogotische Neue Rathaus, nach flämischem Vorbild erbaut, das Alte Rathaus und den schönen Fischbrunnen, den ältesten Brunnen der Stadt, der nach der Zerstörung im Zweiten Weltkrieg 1954 wiederaufgebaut wurde.

marienplatz, u-bahn: 3 & 6 marienplatz, s-bahn: 1-4 & 6-8 marienplatz

(15) Zwischen Marienplatz und Platzl wartet eine versteckte Perle, der Innenhof der **Alten Münze**. Anders als die meisten Innenhöfe in der Altstadt überlebte er den Krieg nahezu unbeschadet. Erst 1808 erhielt das im 16. Jahrhundert als Marstall erbaute Renaissancegebäude die Funktion einer Münzstätte. Seit 1986 ist hier das Landesamt für Denkmalpflege untergebracht. Die dreigeschossigen Arkaden dienen im Sommer als Kulisse für Vorstellungen der Theaterakademie.
hofgraben 4, www.blfd.bayern.de, geöffnet: mo-do 8.00-16.30, fr 8.00-14.00, u-bahn: 3 & 6 marienplatz, straßenbahn: 19 nationaltheater

(16) Im Osten wird der Marienplatz vom neogotischen **Alten Rathaus** begrenzt, das im Zweiten Weltkrieg fast völlig zerstört wurde. Nach dem Krieg wurden lediglich der alte Festsaal sowie der 55 Meter hohe Turm, den man über eine Wendeltreppe besteigen kann, detailgetreu wiederaufgebaut. Hier befindet sich auch das sehenswerte Spielzeugmuseum, das aus der Privatsammlung des Karikaturisten Ivan Ziegler hervorgegangen ist.
marienplatz 15, www.spielzeugmuseum-muenchen.de, telefon: 089 294001, geöffnet: täglich 10.00-17.30, eintritt: 4 €, u-bahn: 3 & 6 marienplatz, s-bahn: 1-4 & 6-8 marienplatz

(22) Am St.-Jakobs-Platz ist der für München so typische Stilbruch in der Architektur unverkennbar. Doch der Platz zeigt auch den Mut zur Erneuerung. Zwischen dem Stadtmuseum von 1888 und der St.-Jakobs-Kirche aus der Nachkriegszeit wurden 2006 das sehr moderne **Jüdische Museum** sowie die Synagoge Ohel Jakob errichtet, in der viele der über 9500 Münchner Juden wöchentlich den Sabbat begehen.
st.-jakobs-platz 16, www.juedisches-museum-muenchen.de, telefon: 089 23396096, geöffnet: di-so 10.00-18.00, eintritt: 3 €, u-bahn: 1-3 & 6 sendlinger tor

(29) Wer sich im Spannungsfeld zwischen Kitsch und Kunst bewegen will, sollte der Sendlinger Straße einen Besuch abstatten. Das Gebäude mit der Hausnummer 34 ist die Privatkirche der Asam-Brüder. Sie bauten dieses Gotteshaus im 18. Jahrhundert im Rokoko- und Barockstil. Die **Asamkirche** fungierte als eine Art Ausstellungsraum für ihre Künste. Die opulenten Dekorationen, das viele Gold und die berühmte Deckenmalereien mit Szenen aus dem Leben des Mönches muss man unbedingt gesehen haben.
sendlinger straße 32, telefon: 089 23687989, geöffnet: mo-fr 7.30-18.00, sa 8.00-19.00, so 8.00-15.00, eintritt: frei, u-bahn: 1-3 & 6 sendlinger tor

SENDLINGER TOR ㉚

㉚ Das südliche Stadttor **Sendlinger Tor** ist die Grenze zwischen Altstadt und Isarvorstadt. Der Mittelteil des Tors wurde bereits um 1300 errichtet, die beiden seitlichen Türme kamen erst 1420 hinzu, um die äußere Stadtmauer, von der nur noch ein kleiner Teil erhalten blieb, zu schließen. Am Sendlinger-Tor-Platz befindet sich nicht nur das 100-jährige Filmtheater Sendlinger Tor, das wegen der übergroßen handgemalten Filmplakate berühmt wurde, sondern in der Adventszeit auch ein beliebter Christkindlmarkt.

sendlinger-tor-platz 1, u-bahn. 1-3 & 6 sendlinger tor

Essen & Trinken

(4) 1328 begannen die Mönche des Münchner Augustinerklosters Gersten-
saft zu brauen. Inzwischen produziert die älteste Brauerei der Stadt, die im
frühen 19. Jahrhundert privatisiert wurde und seit 1885 an der Landsberger
Straße angesiedelt ist, acht verschiedene Biersorten, unter anderem Edelstoff,
Lagerbier hell, Augustiner Heller Bock und Maximator. Ungefähr an der Stelle,
an der die Mönche ihr Bier brauten, wurde 2013 das inzwischen beliebte Lokal
Augustiner Klosterwirt eröffnet. Hier ist immer viel los, denn das Essen ist
gut und die Bedienung flott. Unbedingt probieren: den Sauerbraten mit
Lebkuchensoße.
*augustinerstraße 1, www.augustiner-klosterwirt.de, telefon: 089 55054466,
geöffnet: täglich 9.30-0.00, preis: 15 €, u-bahn: 3 & 6 marienplatz, s-bahn:
1-4 & 6-8 marienplatz*

(12) Am Salvatorplatz befindet sich seit 1997 das Literaturhaus. Hier diskutieren
Bücherfreunde um die Wette, lesen einander aus eigenen Werken vor oder
vertiefen sich in Biografien von Tolstoi, Goethe oder Dante. Die hauseigene
Brasserie **OskarMaria** im selben Haus, für die der bayerische Schriftsteller
Oskar Maria Graf der Namensgeber war, ist ebenfalls einen Besuch wert.
Seine Texte findet man unter anderem auf dem Geschirr, den Bierfilzen und
auf Armlehnen.
*salvatorplatz 1, www.oskarmaria.com, telefon: 089 2919340, geöffnet: haus
di-fr 10.00-19.00, sa-so 10.00-18.00, brasserie mo-sa 10.00-0.00, so 10.00-19.00,
preis: 18 €, u-bahn: 4 & 5 odeonsplatz*

(20) Ein wenig versteckt zwischen der Blumen- und der Müllerstraße und abseits
des Trubels der Stadt empfängt Küchenchefin Inge Stollberg Gäste in ihrem
Restaurant **Grüne Gans**. Obwohl das Lokal bereits sein 40-jähriges Bestehen
gefeiert hat, ist es noch immer ein Geheimtipp, sogar für manchen Anwohner.
Und das nicht nur wegen der köstlichen Gans, sondern auch wegen anderer
kulinarischer Highlights wie Rindercarpaccio und Schokocreme.
*am einlaß 4, www.gruene-gans.de, telefon: 089 266228, geöffnet: mo-sa
19.00-1.00, preis: 30 €, straßenbahn: 16 & 18 reichenbachplatz*

Skt. Augustinus

AUGUSTINER KLOSTERWIRT ④

(21) Wer München besucht, sollte sich eine Auszog'ne – auch Schmalznudel genannt – im **Café Frischhut** gönnen. Dieser süße, in Fett ausgebackene Leckerbissen erinnert ein wenig an einen Berliner. Hier werden die Schmalznudeln frisch zubereitet – und sofort gegessen.

prälat-zistl-straße 8, telefon: 089 26023156, geöffnet: mo-sa 7.00-18.00, preis: 5 €, straßenbahn: 16 & 18 reichenbachplatz, u-bahn: 3 & 6 marienplatz

(23) Das **Stadtcafé** am St.-Jakobs-Platz, das zum Stadtmuseum gehört, ist ein alternatives Café und ein Ort zum Relaxen. Bereits frühmorgens füllt sich das Café schnell mit Touristen, Anwohnern und Stammgästen. Eine nette Alternative zu den schicken Cafés in der nahegelegenen Isarvorstadt.

st.-jakobs-platz 1, www.stadtcafe-muenchen.de, telefon: 089 266949, geöffnet: so-do 10.00-0.00, fr-sa 10.00-1.00, preis: 15 €, u-bahn: 1-3 & 6 sendlinger tor

(26) Das Restaurant **Prinz Myshkin** wurde nach dem Protagonisten in Dostojewskis Roman *Der Idiot* benannt. Ob Myschkin Vegetarier war, wird für immer ein Geheimnis bleiben – was man vom Restaurant längst nicht mehr behaupten kann: Seit 30 Jahren ist es das Mekka für Vegetarier und Veganer. Hier werden neben köstlichen asiatischen Gerichten auch mit Ricotta, Spinat und Pinienkernen gefüllte Gnocchi serviert, die nirgendwo so gut schmecken wie hier.

hackenstraße 2, www.prinzmyshkin.com, telefon: 089 265596, geöffnet: täglich 9.30-1.00, preis: 18 €, u-bahn: 3 & 6 marienplatz, s-bahn: 1-4 & 6-8 marienplatz

Shoppen

(1) München ist eine Stadt der Superlative: Unter dem Karlsplatz, einem der verkehrsreichsten Plätze Europas, den die Münchner seit jeher Stachus nennen, wurde in den 1960er-Jahren das größte unterirdische Einkaufszentrum der Welt angelegt. Heute werden die frisch renovierten **Stachus Passagen** mit Läden, Boutiquen, Cafés und Bars täglich von 160.000 Passanten durchquert.
karlsplatz 1, www.stachus-passagen.com, telefon: 089 51619664, geöffnet: mo-sa 9.30-20.00, u-bahn: 4 & 5, straßenbahn: 16-21 & 27 karlsplatz

(2) Seit dem Kinofilm *Keep Surfing* sind die Surfer am Eisbach bis weit über die Landesgrenzen hinaus bekannt. Für ihre handgefertigten Surfboards, ihre Neoprenanzüge, coolen Sonnenbrillen und dazugehörigen Halsketten gibt es nur eine Adresse: den **Santo Loco Surf Shop** in München. Und wer das Eisbach-Feeling hautnah erleben will, kann sich dort auch eine Surfausrüstung leihen.
eisenmannstraße 4, www.santoloco.com, telefon: 089 30708585, geöffnet: mo-sa 10.00-20.00, u-bahn: 4 & 5 karlsplatz, s-bahn: 1-4 & 6-8 karlsplatz

(6) In den 1970er-Jahren wurde zwischen Stachus und Marienplatz eine Fußgängerzone angelegt. Sie umfasst die **Kaufinger-** und die **Neuhauser Straße** und zählt zu den meistbesuchten Fußgängerzonen Deutschlands. Einst gehörten die beiden Straßen zur bedeutenden Salzroute zwischen Salzburg und der Schweiz und führten reiche Kaufleute nach München. Die angrenzenden Wohnhäuser im Barockstil sind heute größtenteils verschwunden, stattdessen prägen moderne Bauten mit Läden großer Ketten das Bild. Außerdem zeigen Straßenmusikanten, manchmal sogar mit Flügel, hier gern ihr Können.
neuhauser- und kaufingerstraße, u-bahn: 3 & 6 marienplatz, 4 & 5 karlsplatz, s-bahn: 1-4 & 6-8 karlsplatz oder marienplatz

(9) Über Geschmack lässt sich trefflich streiten! **Apropos** aber zeigt, wie man sich modebewusst und elegant kleidet und die eigene Wohnung stilvoll einrichtet. In dem 500 Quadratmeter großen Laden werden Marken wie Valentino und Tom Ford schick präsentiert, man kann in Büchern schmökern und sich an Dandy-Schuhen, Glitzergadgets und Schönheitsartikeln erfreuen. Der Concept-Store richtet sich vor allem an den Mann, die Frau findet aber sicher auch etwas.
promenadeplatz 12, www.apropos-store.com, telefon: 0221 2705710, geöffnet: mo-sa 10.00-19.00, s-bahn: 1-4 & 6-8 marienplatz, straßenbahn: 19 theatinerstraße.

⑪ Ob Geburtstag, Silvester oder andere festliche Anlässe – Silvia Stancsics hat für alle Fälle ein tolles Geschenk. In **Stancsics Schoko.Laden** verkauft sie unter anderem köstliche Schokolade aus Spanien, Österreich und Deutschland, die in weißes Papier verpackt ist, auf dem Sprüche stehen. Ein köstliches Mitbringsel sind auch die herrlichen Pralinen – aber vergessen Sie sich selbst dabei nicht!

prannerstraße 5, www.stancsics.de, telefon: 089 24224260, geöffnet: mo-fr 10.00-19.00, sa 10.00-18.00, u-bahn: 3 & 6 marienplatz, straßenbahn: 19 theatinerstraße

⑬ In den Passagen der **Fünf Höfe** bringt ein Lichterhimmel die Schaufenster zum Glitzern und buhlen Haute Couture und Wohnaccessoires um die Gunst der Passanten. Schauen Sie unbedingt bei **Magazin** vorbei, wo es unter anderem Taschen aus LKW-Planen vom Schweizer Hersteller Freitag gibt. Oder bei **Muji**, das Günstiges aus Japan "ohne Label" verkauft.
theatinerstraße 15, www.fuenfhoefe.de, telefon: 089 24449580, geöffnet: mo-fr 10.00-19.00, sa 10.00-18.00, u-bahn: 4 & 5 odeonsplatz, straßenbahn: 19 theatinerstraße

⑭ Ein Nähkästchen aus Holz mit fünf kleinen Schubladen, ein Telefon mit Wählscheibe, eine Badewanne wie aus der Zeit von Marie Antoinette, ein Tischkegelspiel mit echten Holzkegeln: Es gibt sie noch, die guten Dinge. Nicht umsonst ist dies das Credo von **Manufactum**. Gefertigt werden sie von kleinen regionalen Handwerksbetrieben, die sich dem nachhaltigen Wirtschaften verschrieben haben – aus umweltverträglichen Materialien wie Holz, Naturfasern und ganz ohne Kunststoffe. Nostalgie pur!
dienerstraße 12, www.manufactum.de, telefon: 089 23545900, geöffnet: mo-sa 9.30-19.00, u-bahn: 3 & 6 marienplatz, s-bahn: 1-4 & 6-8 marienplatz, straßenbahn: 19 nationaltheater

⑰ Eine Art überdachter Viktualienmarkt, so könnte man die **Schrannenhalle** umschreiben. Dieser Komplex aus Gusseisen, Glas und Holz wurde Mitte des 19. Jahrhunderts errichtet, 1914 abgerissen und größtenteils aufbewahrt. Nach dem Wiederaufbau 2004 ging die Halle dreimal pleite, 2011 begann der erfolgreiche Neustart als Markthalle für ausgefallene Produkte, die allerdings ihren Preis haben.
viktualienmarkt 15, www.schrannenhalle.de, telefon: 089 452284610, geöffnet: mo-sa 10.00-20.00, straßenbahn: 16 & 18 reichenbachplatz, u-bahn: 3 & 6 marienplatz

⑱ Bei **Slips** findet man zahllose Design-Unterhemden und -Slips, die eigentlich viel zu schön sind, um sie nicht zu zeigen. Es gibt auch Abendkleidung, Tuniken, High Heels, Jeans, die neuesten Sneakers und hübsche Accessoires.
gärtnerplatz 2, www.slipsfashion.de, telefon: 089 2022500, geöffnet: mo-fr 10.30-19.00, sa 10.30-18.00, straßenbahn: 16 & 18 reichenbachplatz

(19) Wie nennt man einen Blumenladen mit Bistro? Ganz einfach: **Two in One**. Hier kann man sich in einem gemütlichen Rattansessel mit Blumenkissen niederlassen, einen Apfel-Birnen-Kuchen oder eine köstliche Karotten-Kokos-Suppe bestellen und in den neuesten Gartenzeitschriften blättern.
klenzestraße 39, www.twoinone-muenchen.de, telefon: 089 20244595, geöffnet: di-fr 11.00-19.00, sa 10.00-18.00, u-bahn: 1 & 2 fraunhoferstraße

(25) Die **Hofstatt-Passage** ist eine neue Shoppingmeile in der Münchner Altstadt. Die schönen Schaufenster und die moderne Gestaltung der Passage üben eine große Anziehungskraft auf Passanten in der Sendlinger Straße aus. Mit der bunten Mischung aus Münchner Unternehmen wie Thomas-Schuhe und internationalen Ketten wie Calzedonia oder Abercrombie & Fitch ist in der Hofstatt-Passage für jeden etwas geboten.
sendlinger straße 10, www.hofstatt.info, telefon: 089 14333650, geöffnet: mo-sa 10.00-20.00, u-bahn: 1-3 & 6 sendlinger tor

(27) Im ockerfarbenen Palais Rechberg (den Einheimischen als Radspielerhaus bekannt) warten schicke Stoffe, Möbel, Kristallgläser und Vasen auf Käufer, die Qualität und Originalität schätzen. Das Einrichtungshaus **Radspieler** wurde bereits 1841 gegründet und war lange Zeit Bayerns Hoflieferant. Die Wittels-bacher orderten hier zahlreiche Möbelstücke wie zum Beispiel den Thron von Ludwig II.
hackenstraße 7, www.radspieler.com, telefon: 089 23509816, geöffnet: mo-fr 10.00-19.00, sa 10.00-18.00, u-bahn: 3 & 6 marienplatz, s-bahn: 1-4 & 6-8 marienplatz

(28) Wenn man Freunde mit einem typisch bayerischen Mitbringsel überraschen will, sollte man bei **Servus Heimat** vorbeischauen. Ob Tapeten mit Alpen-panorama, lilafarbene Hirschgeweihe, Bade-Enten in Dirndl oder Lederhose, T-Shirts mit Aufdrucken der Münchner Straßenbahn, dem Olympiastadion, dem Friedensengel – im witzigsten Souvenirladen der Stadt findet man einfach alles.
brunnstraße 3, www.servusheimat.com/in-der-brunnstrasse, telefon: 089 24294780, geöffnet: mo-sa 10.00-19.00, u-bahn: 3 & 6 marienplatz, s-bahn: 1-8 marienplatz

SPAZIERGANG 1 (ca. 6 km)

Beginnen Sie den Spaziergang mit einer kleinen Shoppingtour (1). Danach geht es oberirdisch rechts in die Eisenmannstraße zum Surfladen (2). Zurück zur Fußgängerzone in Richtung St.-Michael-Kirche (3). Anschließend bayerische Schmankerl genießen (4) und gegenüber die Frauenkirche (5) bewundern. Über die Liebfrauenstraße zurück in die Fußgängerzone (6). Weiter geht es in Richtung Marienplatz mit seinem Glockenspiel (7) und dem Panorama vom Rathausturm (8). Danach rechts in die Weinstraße, links an der Frauenkirche vorbei in die Sporerstraße, wieder rechts, dann links und erneut links in die Harmanstraße. Von dort geht es zum Promenadeplatz, wo Sie elegante Lifestyleprodukte (9) finden. Gönnen Sie sich eine kurze Wellness-Pause (10). Dann links und wieder links in die Prannerstraße, um feine Pralinen (11) zu kosten. Weiter in die Kardinal-Faulhaber-Straße, um einen Kaffee zu trinken (12). Zurückgehen und links in die Salvatorstraße. Shoppen können Sie in den Fünf Höfen (13). Den neuen Park an der Maffeistraße bewundern und links in der Schammerstraße nostalgische Dinge erstehen (14). Weitergehen und dann links zum Hofgraben, um den schönsten Innenhof der Stadt zu besichtigen (15). Über den Alten Hof und die Burgerstraße erreichen Sie das Alte Rathaus (16). An der Kirche St. Peter vorbei in die Heiliggeiststraße und von dort zum urigen Dreifaltigkeitsplatz. Den Viktualienmarkt in Richtung Schrannenhalle (17) überqueren, wo Sie ein feines Prosciutto-Kanapee und ein Glas Prosecco genießen können. Dann links der Utzschneiderstraße folgen, rechts in die Reichenbachstraße abbiegen, um zum Gärtnerplatz (18) zu gelangen. In der Klenzestraße zwischen Blumen eine Tasse Tee trinken (19). Zurück zum Platz und dann in die Corneliusstraße. Danach rechts in die Müllerstraße und links in die Straße Am Einlaß einbiegen, um einen Tisch zu reservieren (20). Geradeaus zur Schrannenhalle gehen, diese umrunden und in der Prälat-Zistl-Straße zur Stärkung eine Schmalznudel essen (21). Zurück Richtung Sebastiansplatz gehen und rechts den Sankt-Jakobs-Platz (22) (23) (24) erkunden. Über die Dultstraße erreichen Sie die Hofstatt-Passage (25). Den Ausgang links Richtung Hackenstraße nehmen, um vegetarisch zu tafeln (26) oder ein Souvenir zu kaufen (27) (28). Über den Asamhof in die Sendlingerstraße spazieren. Rechts in Richtung Asamkirche (29) und Sendlinger Tor (30) abbiegen, wo der Spaziergang endet.

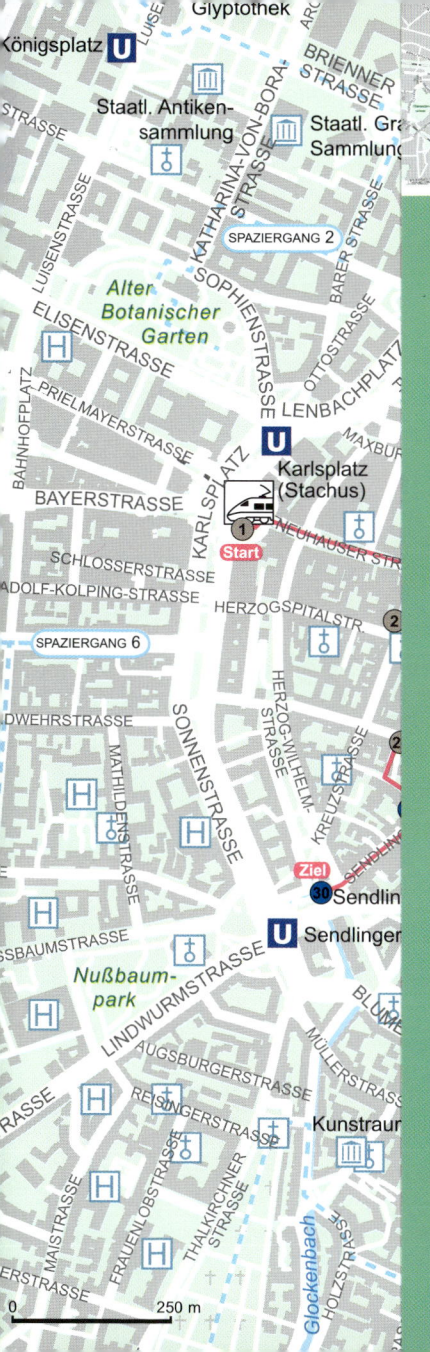

1. Stachus Passagen
2. Santo Loco Surf Shop
3. Jesuitenkirche St. Michael
4. Augustiner Klosterwirt
5. Frauenkirche
6. Neuhauser- und Kaufingerstraße
7. Marienplatz
8. Neues Rathaus
9. Apropos
10. The Blue Spa im Bayerischen Hof
11. Stancsics Schoko.Laden
12. OskarMaria
13. Fünf Höfe
14. Manufactum
15. Binnenhof Alte Münze
16. Altes Rathaus
17. Schrannenhalle
18. Slips
19. Two in One
20. Grüne Gans
21. Café Frischhut
22. Jüdisches Museum
23. Stadtcafé
24. Münchner Stadtmuseum
25. Hofstatt-Passage
26. Prinz Myshkin
27. Radspieler
28. Servus Heimat
29. Asamkirche
30. Sendlinger Tor

Maxvorstadt & Altstadt Ost

Klein-Athen an der Isar

Nach dem Abriss der Stadtmauern im 19. Jahrhundert dehnte sich die Stadt rasch in alle Richtungen aus. Mit Stift und Lineal fingen die Stadtarchitekten an, den Nordwesten der Stadt zu strukturieren. König Max I. wurde der Namensgeber des neuen Gebiets, während sich sein Sohn König Ludwig I. zum Ziel setzte, die Maxvorstadt in eine Art Klein-Athen zu verwandeln.

Die Maxvorstadt entwickelte sich zu einem riesigen Kunstareal mit zahlreichen Museen wie zum Beispiel den drei Pinakotheken, dem Lenbachhaus, der Glyptothek oder dem Museum Brandhorst. Kein Wunder, dass sich München nach Berlin zur bedeutendsten Kunstmetropole Deutschlands gemausert hat. Ein durchaus ehrwürdiger Titel – doch bei sonnigem Wetter bekommen die Kunstschätze Konkurrenz. Dann verwandeln sich die Plätze vor und hinter der Alten Pinakothek in Liegewiesen, auf denen sich sonnenhungrige Städter treffen. Die Brueghels an den Wänden des Museums ziehen dann deutlich weniger Besucher an.

2

Die Maxvorstadt ist auch ein Wissenschaftszentrum. Hier befinden sich außer der Technischen Universität das Historische Kolleg und die Akademie der Bildenden Künste, um nur einige der vielen Lehreinrichtungen zu nennen. Auch dank der zahllosen Studenten und Professoren ist die Maxvorstadt ein weltoffenes, vielschichtiges und lebhaftes Viertel geworden.

Das Münchner Leben spielte sich jahrhundertelang ausschließlich innerhalb der alten Stadtmauern ab. Obwohl fast 90 Prozent der Altstadt im Krieg den Bomben zum Opfer fielen, findet man an fast jeder Straßenecke eine Sehenswürdigkeit. Vielleicht bringen die Worte, die der Schriftsteller Thomas Mann einst über seine geliebte Heimatstadt München niederschrieb, die Pracht der Altstadt Ost am besten zum Ausdruck: "München leuchtet."

6 Insider-Tipps

Hofbräuhaus

Im Traditionslokal eine Mass Bier stemmen.

Residenz

Die königlichen Säle und das Theater bewundern.

Valentin-Karlstadt-Musäum

Den Sprachwitz des bayerischen Komikers entdecken.

Lenbachhaus

Kandinskys expressionistische Werke bestaunen.

Maelu

Wunderschöne und leckere Törtchen genießen.

Meindl

Tradition und Moderne in einem Outfit kombinieren.

● **Sehenswürdigkeiten**   ● **Essen & Trinken**
● **Shoppen**   ● **München live**

Sehenswürdigkeiten

(1) Das reich mit Blumen bepflanzte Areal um den Neptunbrunnen ist eine Oase der Ruhe. 1854 wurde im **Alten Botanischen Garten** anlässlich der Deutschen Industrieausstellung ein großer Glaspalast errichtet. Nachdem dieser im Jahr 1931 einem Brand zum Opfer gefallen war, entstanden hier das Park Café und ein Kunstpavillon, in dem Wechselausstellungen stattfinden.
sophienstraße 7, telefon: 089 51617980, u-bahn: 4 & 5 karlsplatz, s-bahn: 1-4 & 6-8 karlsplatz

(3) Seit den 1990er-Jahren bestehen Pläne, ein **Dokumentationszentrum** für die Auseinandersetzung mit dem Nationalsozialismus zu errichten. Als der Stadtrat 2001 diesen Beschluss fasste, stellte die Staatsregierung hierfür das Gelände der einstigen Parteizentrale der NSDAP, des Braunen Hauses, bereit. Eröffnet wird der Neubau am Königsplatz voraussichtlich am 30. April 2015, genau 70 Jahre nach dem Einmarsch der US-Armee in München.
brienner straße 34, www.ns-dokumentationszentrum-muenchen.de, u-bahn: 2 königsplatz

(4) Dass König Ludwig I. München in ein zweites Athen verwandeln wollte, wird einem beim Anblick des monumentalen Tors am **Königsplatz**, der Propyläen, eindringlich vor Augen geführt. Auf dem Königsplatz befinden sich auch die Glyptothek mit Skulpturen aus der Antike sowie die Antikensammlung.
königsplatz 1, www.antike-am-koenigsplatz.mwn.de, telefon: 089 9286100, geöffnet: antikensammlung di & do-so 10.00-17.00, mi 10.00-20.00, glyptothek di & mi & fr-so 10.00-17.00, do 10.00-20.00, eintritt: 6 € (kombiticket für beide museen), u-bahn: 2 königsplatz

(5) Seit Mai 2013 ist die Familie der Münchner Kunstmuseen wieder vollzählig. Nach einer fast vierjährigen Neu- und Umbauphase kann man im **Lenbachhaus**, der ehemaligen Residenz Franz von Lenbachs aus dem 19. Jahrhundert, die weltweit größte Expressionistensammlung der Künstlergruppe Der Blaue Reiter bewundern, zu der unter anderem Kandinsky, Marc und Macke gehörten. Im goldfarbenen Neubau finden internationale Sonderausstellungen mit zeitgenössischer Kunst statt.
luisenstraße 33, www.lenbachhaus.de, telefon: 089 23332000, geöffnet: di 10.00-21.00, mi-so 10.00-18.00, eintritt: 10 €, u-bahn: 2 königsplatz

⑤ **LENBACHHAUS**

⑨ Auf die drei Pinakotheken, die **Alte** und die **Neue** Pinakothek sowie die **Pinakothek der Moderne**, ist München besonders stolz. In diesen drei renommierten Kunsthäusern an der Barer Straße wird Kunst aus dem 14. Jahrhundert bis heute gezeigt.

barer straße 27-29-40, www.pinakothek.de, telefon: 089 23805216, geöffnet: museen di 10.00-20.00, mi-so 10.00-18.00, café di, mi & sa 10.00-18.30, do-fr 10.00-21.00, eintritt: kombiticket für die 3 pinakotheken, museum brandhorst und sammlung schack 12 €, sonntag 1 €, straßenbahn. 27 pinaktoheken, u-bahn. 2 theresienstraße

(15) Nicht weniger als 36.000 Keramikstäbe in 23 verschiedenen Farben lassen die Fassade des **Museums Brandhorst** bei Sonnenschein wie einen Regenbogen erstrahlen. Hier kann man seit 2009 die Privatsammlung von Anette und Udo Brandhorst besichtigen. Beeindruckend ist auch der zwölfteilige Lepanto-Zyklus des amerikanischen Künstlers Cy Twombly, der sich für dieses Werk von einer der größten Seeschlachten der Geschichte inspirieren ließ.

theresienstraße 35a, www.museum-brandhorst.de, telefon: 089 238052286, geöffnet: di, mi, fr-so 10.00-18.00, do 10.00-20.00, eintritt: 7 €, sonntag 1 €, straßenbahn: 27 pinakotheken

(19) Während Hitlers Putschversuch am 9. November 1923 starben 16 seiner Anhänger, für die 1933 ein Denkmal an der Residenzstraße errichtet wurde. Um die SS-Soldaten, die am Denkmal Wache standen, nicht mit dem Hitlergruß grüßen zu müssen, nahmen viele Bürger den Umweg über die kleine Gasse hinter der Feldherrnhalle, die **Viscardigasse**. Heute erinnert eine Bronzespur an den damaligen stillen zivilen Widerstand.

viscardigasse, u-bahn. 3-6 odeonsplatz

(21) Zwischen 1315 und 1918 hielten die bayerischen Herzöge, Kurfürsten und Könige in der Münchner **Residenz** Hof. Nach der Revolution im Jahr 1918 wurde der Gebäudekomplex zum Museum umgewandelt. Inzwischen können 130 Säle und sieben Innenhöfe besichtigt werden. Ein Muss für alle, die in knapp sechs Jahrhunderte Kunst- und Kulturgeschichte eintauchen möchten.

residenzstraße 1, www.residenz-muenchen.de, telefon: 089 290671, geöffnet: täglich apr.-mitte okt. 9.00-18.00, mitte okt.-märz 10.00-17.00, eintritt: museum 7 €, kombiticket museum und schatzkammer 11 €, u-bahn: 3-6 odeonsplatz

(22) Wenn man vom Kulturstandort München spricht, dann spielt die **Bayerische Staatsoper** immer eine wichtige Rolle. Sie ist schließlich die größte Oper der Welt. Einige Zahlen verdeutlich dies: jährlich etwa zehn Uraufführungen, 35 Opernproduktionen, 46 Wochen Spielzeit und 300 bis 350 Vorstellungen. Eine Führung durch das Nationaltheater findet mehrmals wöchentlich statt.

max-joseph-platz 2d, www.bayerische.staatsoper.de, telefon: 089 218501, geöffnet: führung: 14.00 (dauer 1 std., programm siehe website), führung: 7 €, straßenbahn: 19 nationaltheater

Essen & Trinken

(2) Rocker als Kellner, eine kitschige, leicht dekadente Einrichtung und eine erstklassige Küche – passt irgendwie nicht zusammen? Doch, wie das **Last Supper** zeigt. Wer hier schon mal zu Mittag oder Abend gegessen hat, kommt garantiert wieder. Auch für Vegetarier und Veganer hat dieses schicke Lokal einiges zu bieten.
karlstraße 10, www.restaurant-lastsupper.de, telefon: 089 28808809, geöffnet: mo-do 11.00-1.00, fr 11.00-3.00, sa 18.00-3.00, preis: 25 €, u-bahn: 4 & 5 karlsplatz, 2 königsplatz

(6) Das **Café Schmock** schert sich nicht um politische Konflikte und füllt seine Speisekarte mit israelischen und orientalischen Köstlichkeiten. Wer genug hat von Schweinshaxen & Co, kommt hier voll auf seine Kosten: Bei Schmock ist alles koscher. Tipp: Tisch reservieren. *Be'teavon!*
augustenstraße 52, www.schmock-muenchen.de, telefon: 089 52350535, geöffnet: mo-fr 10.30-16.00 & 18.00-1.00, sa 18.00-1.00, preis: 40 €, u-bahn: 1 stiglmaierplatz, 2 königsplatz, straßenbahn: 20 stiglmaierplatz

(7) Wer die Betriebsamkeit in den Straßen der Maxvorstadt schätzt, sollte sich bei **Tafel & Schwafel** an einen der beliebten Tische am großen Fenster setzen. Hier kann man während eines Frühstücks oder eines Mittagessens – zum Beispiel Spaghetti mit Salbei – wunderbar das bunte Treiben beobachten. Unbedingt probieren sollten Sie ein Stück Kuchen der Inhaberin Annette Abt.
augustenstraße 80, telefon: 089 45229522, geöffnet: mo-fr 9.00-22.00, sa 9.00-18.00, so 10.00-18.00, preis: 10 €, u-bahn: 1 stiglmaierplatz, 2 königsplatz, straßenbahn. 20 stiglmaierplatz

(8) Dass das **Café im Vorhoelzer Forum** nicht lange ein Geheimtipp bleiben würde, war eigentlich klar, denn der Blick über die Dächer der Stadt und auf die Alpen ist einfach zu schön, um unerwähnt zu bleiben. Allerdings muss man den Weg zur rooftop bar erst einmal finden: Beim Haupteingang der Technischen Universität geht es in den Gang links, am Ende rechts und dann mit dem Aufzug in den 5. Stock. Nun steht einem Brunch oder Aperitif nichts mehr im Weg!
arcisstraße 21, www.vf.ar.tum.de, geöffnet: mo-fr 8.00-21.00 (im sommer 22.00), sa 9.00-18.00 (im sommer 23.00), so 9.00-21.00 (im sommer 22.00), u-bahn: 2 theresienstraße

⑱ **MAELU**

(11) Das einst sehr renommierte italienische Restaurant Garibaldi hat einen neuen Inhaber und heißt jetzt **Bar dell'Osteria**. Es ist nach wie vor eine gute Adresse, zum Beispiel für einen erfrischenden Aperol oder einen Teller Garibaldi-Antipasto.

schellingstraße 60, www.bar-dell-osteria.de, telefon: 089 28673670, geöffnet: täglich 11.00-0.00, preis: 18 €, straßenbahn. 27 schellingstraße

(13) Mit 100 % bio voll im Trend! Für Markus Härle von **PicNic** gibt es nur eins: eine gesunde Küche mit viel Gemüse und ohne künstliche Zusatzstoffe. Einige Fleischgerichte stehen ebenfalls auf der Karte, das Fleisch stammt von einem Biohof im Münchner Westen. Die einzigartigen Kreationen, die die tibetanischen Köche mit Dal, Curry, Chutney und ayurvedischen Gewürzen auf den Tisch zaubern, können Sie auch zum Mitnehmen bestellen.

barer straße 48, www.picnicen.de, telefon: 089 20061014, geöffnet: mo-mi 11.00-23.00, do-fr 11.00-0.00, sa 12.00-0.00, so 12.00-18.00, preis: 10 €, straßenbahn: 27 pinakotheken

(14) Wenn die Frage nach dem besten Eis der Stadt gestellt wird, fällt stets auch der Name **Ballabeni**. Dass der innovative Eishersteller den Titel verdient hätte, steht außer Frage. Probieren Sie das Zitronen-Basilikum-Eis, dann wissen Sie, warum. Wer hinter die Kulissen der Eisproduktion blicken möchte, kann an einem Workshop teilnehmen.

theresienstraße 46, www.ballabeni.de, telefon: 089 18912943, geöffnet: täglich 11.30-22.30, preis: eis 1,50 €, straßenbahn: 27 pinakotheken

(17) Das **Koi** ist ein schönes Beispiel für die gastronomische und kulinarische Diversität, die München ausmacht. Neben köstlichen Sushi und anderen Fisch-gerichten bietet die Karte des japanischen Restaurants auch eine große Steak-Auswahl. Das elegante Flair des Wittelsbacher- und Odeonsplatzes findet in der schönen Einrichtung des Lokals seine Fortsetzung.

wittelsbacherplatz 1, www.koi-restaurant.de, telefon: 089 89081926, geöffnet: mo-fr 11.00-15.00 & 18.00-0.00, sa 18.00-0.00, preis: 27 €, u-bahn: 3-6 odeonsplatz

(18) Ein Blick in die Auslage von **Maelu** und Sie sind verloren. Die Torten und Kuchen mit klangvollen Namen wie "Pink Lady" oder "Je t'aime mon amour" sind eigentlich zu schön, um verspeist zu werden. Da sie aber auch köstlich sind, wäre es schade, sie nicht zu essen. Ob die klassische Schokovariante, fruchtige Törtchen oder eine experimentelle Verlockung – die süßen Gaumenfreuden verleihen dem traditionellen Ensemble "Kaffee und Kuchen" einen exklusiven Touch. Tipp für Wagemutige: Törtchen "Provence" – schmeckt nach Lavendel. *Délicieux!*

theatinerstrasse 32, www.maelu.de, telefon: 089 8501326, geöffnet: mo-sa 10.30-19.00, so 13.00-18.00, preis: törtchen 6 €, u-bahn: 3-6 odeonsplatz

(24) Aus Sparzwang untersagte Wilhelm V. im späten 16. Jahrhundert die Einfuhr von Bier aus Einbeck (Niedersachsen) und ließ ein hofeigenes Brauhaus errichten. Hier im **Hofbräuhaus** wird seit 1589 strikt nach dem bayerischem Reinheitsgebot Bier gebraut, damals nur aus Gerste, Hopfen und Wasser. An Spitzentagen werden über 10.000 Liter Bier ausgeschenkt – als Mittel gegen trockene Kehlen. Eine echte Attraktion!

platzl 9, www.hofbraeuhaus.de, telefon: 089 290136100, geöffnet: täglich 9.00-23.30, preis: 12 €, u-bahn: 3 & 6 marienplatz

(26) Das **Fedora** – Restaurant und Bar in einem – befindet sich in einem prachtvollen historischen Gebäude. Weiß gekalkte Wände, Fußboden aus rustikaler Eiche, eine elf Meter lange Bar und eine Gewölbedecke prägen das Interieur und machen das Lokal sehr gemütlich. Ob Frühstück, Mittagessen oder Dinner mit Gerichten, die italienischer nicht sein könnten – hier sind Sie immer richtig. Die Speisekarte ist nicht riesig, aber die Mischung macht's. Sonntags kann man bei Live-Jazzmusik brunchen.

ledererstraße 3, www.fedorabar.de, telefon: 089 45209833, geöffnet: mo-do 10.00-1.00, fr-sa 10.00-2.00, so 16.00-0.00, preis: 18 €, u-bahn: 3 & 6 marienplatz

(28) Die weibliche Bevölkerung Münchens weiß, was nach einem Shopping- und Kulturtag am besten schmeckt: ein Aperol Spritz oder Hugo in der **Bar Centrale**. Auch den Capri mit Minze, Limoncello und Prosecco oder den Milano Mule mit Aperol, Gurke und Ginger Ale sollten Sie unbedingt probieren. Tapas gibt es umsonst dazu, sodass einem der Alkohol nicht so schnell zu Kopf steigt.

ledererstraße 23, www.bar-centrale.com, telefon: 089 223762, geöffnet: mo-sa 7.30-1.00, so 9.00-1.00, preis: 12 €, u-bahn: 3 & 6 marienplatz

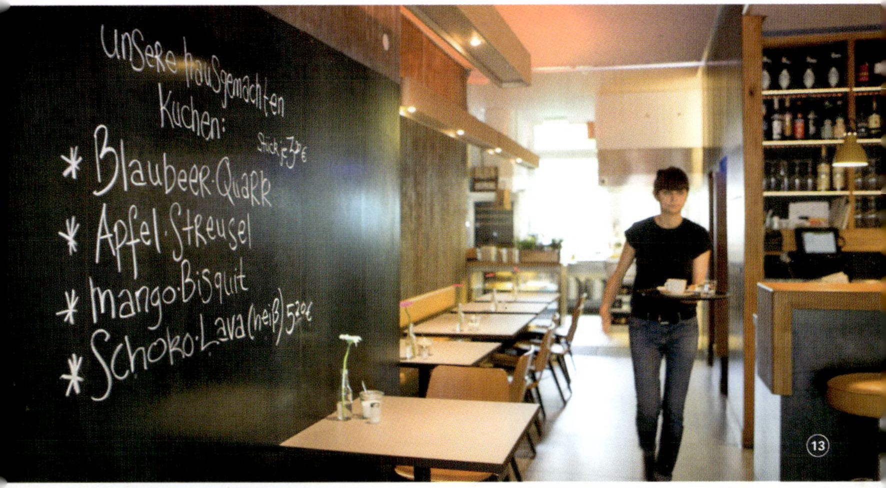

Unsere hausgemachten
Kuchen: Stück 3⁷⁰ €
* Blaubeer-Quark
* Apfel-Streusel
* mango-Bisquit
* Schoko-Lava (weiß) 5⁷⁰ €

Icecream
SCHOKOLADE
INGWER

14

13

Shoppen

(10) Bei **Carta Pura** besteht die Gefahr, dass die Nase am riesigen Schaufenster kleben bleibt. Dahinter präsentieren sich nämlich viele schöne Notizbücher, Kalender, Füller, Stifte, Briefklammern und andere Büroaccessoires. Ein echter Hingucker: In den hohen Schränken gibt es Papier in allen Regenbogenfarben, das meterweise verkauft wird.
schellingstraße 71, www.cartapura.de, telefon: 089 2881130, geöffnet: mo-fr 9.30-19.00, sa 9.30-16.00, straßenbahn: 27 schellingstraße

(12) **Apartment** ist ein kleiner Laden, in dem man stundenlang zwischen Frosch- und Entenlampen, Picknickaccessoires, Sigmund-Freud-Figuren, witzigen Türmatten, indischen Postern und bunt gemusterten Strandlaken herum- stöbern kann.
barer straße 49, www.apartment-shop.com, telefon: 089 4482440, geöffnet: mo-fr 11.00-18.30, sa 11.00-15.00, straßenbahn: 27 schellingstraße

(16) Wer mehr über die Architektur-Highlights in der Maxvorstadt erfahren will, sollte die **L. Werner Buchhandlung** in der Türkenstraße aufsuchen (die Haupt- niederlassung befindet sich in der Residenzstraße), denn genau das ist das Spezialgebiet des 1878 gegründeten Geschäfts. Die Liebe zur Architektur war um 1900 auch ausschlaggebend für die Gründung des hauseigenen Verlags. Mehr Spezialwissen geht nicht!
türkenstraße 30, www.buchhandlung-wernder.de, telefon: 089 2805448, geöffnet: mo-mi 9.30-19.00, do-fr 9.30-19.30, sa 9.30-18.00, straßenbahn: 27 pinakotheken

(23) Wie der Stadt gelingt auch **Meindl** der Spagat zwischen Tradition und Moderne. Das bayerische Traditionsunternehmen, das sich vor allem mit Lederhosen und Bergschuhen einen Namen gemacht hat, zeigt in dieser exklusiven Filiale, wie gut Tracht mit Sneakers, Shirts und anderer Alltags- oder sogar schicker Kleidung harmoniert. Kurz: ein Eldorado für Yuppies und die moderne Frau.
am kosttor 1, www.meindl-munich.com, telefon: 089 24295120, geöffnet: mo-fr 10.00-19.00, sa 10.00-18.00, straßenbahn: 19 nationaltheater

(27) 'Mei ist des schee' (Wie schön!) ist vermutlich der am meisten gehörte Ausruf im kleinen Souvenirladen **Obacht'** von Marion und Babette. Hier sind es vor allem Einheimische mit einer gehörigen Portion Lokalpatriotismus, die sich München-Memory, Hirschgeweihe für die Toilettenwand oder Filztaschen zulegen.

ledererstraße 17, www.obacht-shop.de, telefon: 089 18904260, geöffnet: mo-sa 10.00-19.00, u-bahn: 3 & 6 marienplatz

(29) Dirndl hier, Dirndl da, Dirndl überall. Nicht nur zur Wiesn-Zeit wird in der bayerischen Landeshauptstadt Dirndl oder Lederhose getragen. Das ganze Jahr über gibt es ausreichend Anlässe, um sich in Tracht zu werfen. Die Zeit, in der ein Dirndl als spießig und altmodisch galt, ist inzwischen längst vorbei. Bei **Almenrausch** findet man zum Beispiel lila Dirndl mit gelben Punkten, schwarze Dirndl für Gothic Ladies und auch blaue mit roten Punkten.

tal 15, www.almenrausch-muenchen.de, telefon: 089 66063699, geöffnet: mo-sa 10.00-20.00, u-bahn: 3 & 6 marienplatz

Maxvorstadt & Altstadt Ost

SPAZIERGANG 2 (ca. 7,5 km)

Startpunkt ist der Alte Botanische Garten ①. Das Park Café umrunden und dann geradeaus Richtung Karlstraße, um rechts einen Tisch für abends zu reservieren ②. Dann links in die Barer Straße, links am Obelisken vorbei in die Brienner Straße ③. Über den Königsplatz ④ spazieren und das Lenbachhaus ⑤ besuchen. Dann rechts in die Richard-Wagner-Straße und links in die Gabelsbergerstraße, wo links ein koscheres Essen ⑥ und rechts in der Augustenstraße Nudelgerichte ⑦ warten. Rechts in die Theresienstraße, dann wieder rechts in die Arcisstraße, um bei einer Tasse Kaffee die Aussicht zu genießen ⑧. Danach die Alte oder Neue Pinakothek ⑨ besuchen. Oder die Barer Straße überqueren, um in die Pinakothek der Moderne zu gelangen. Zurück in die Arcisstraße, dieser bis zur Schellingstraße folgen, in der sich rechts zahlreiche Läden ⑩ und Bars ⑪ befinden. Links in die Barer Straße spazieren ⑫. Etwas zurückgehen, um den Geschmack von Tibet zu kosten ⑬. Mit einem Eis die Schärfe vertreiben ⑭ und dann die Theresienstraße Richtung Museum Brandhorst ⑮ überqueren. Rechts in die Türkenstraße, um in Architekturbüchern zu schmökern ⑯. Der Straße bis zur Brienner Straße folgen, hier links gehen, vorbei am Platz der Opfer des Nationalsozialismus. In der Nähe warten japanische Spezialitäten ⑰. Über den Wittelsbacherplatz erreichen Sie den Odeonsplatz. Rechts in der Theatinerstraße kommen Schleckermäuler auf ihre Kosten ⑱. Zurückgehen und rechts in die Viscardigasse ⑲. Dann wieder links, bis Sie rechts den Hofgarten ⑳ erblicken. Einen Parkspaziergang machen und die Residenz ㉑ besichtigen. Danach rechts in die Alfons-Goppel-Straße und rechts in die Maximilianstraße Richtung Bayerischer Staatsoper ㉒. Dann links in die Residenzstraße und zweimal links zum Hofgraben. Von dort geht es Richtung Platzl und weiter in die Straße Am Kosttor. Lassen Sie sich von moderner Tracht ㉓ inspirieren und kehren Sie dann zum Hofbräuhaus ㉔ zurück. Etwas weiter rechts in der Münzstraße sich die Füße verwöhnen lassen ㉕ oder in der Sparkassenstraße links Kaffee trinken ㉖. Danach links in die Ledererstraße, um ein Souvenir zu kaufen ㉗ oder einen Drink zu genießen ㉘. Über die Dürnbräugasse erreichen Sie das Tal. Hier können Sie Dirndls anprobieren ㉙, rechts in der Sterneckerstraße das Bier- und Oktoberfestmuseum ㉚ oder im Isartor ein witziges Museum ㉛ besuchen.

2

1. Alter Botanischer Garten
2. Last Supper
3. NS-Dokumentationszentrum
4. Königsplatz
5. Lenbachhaus
6. Café Schmock
7. Tafel & Schwafel
8. Café im Vorhoelzer Forum
9. Alte & Neue Pinakothek & Pinakothek der Moderne
10. Carta Pura
11. Bar dell´Osteria
12. Apartment
13. PicNic
14. Ballabeni
15. Museum Brandhorst
16. L. Werner Buchhandlung
17. Koi
18. Maelu
19. Viscardigasse
20. Hofgarten
21. Residenz
22. Bayerische Staatsoper
23. Meindl
24. Hofbräuhaus
25. Sumitra Spa
26. Fedora
27. Obacht'
28. Bar Centrale
29. Almenrausch
30. Bier- und Oktoberfestmuseum
31. Valentin-Karlstadt-Musäum

⬤ = **Sehenswürdigkeiten**

⬤ = **Essen & Trinken**

⬤ = **Shoppen**

⬤ = **München live**

Isarvorstadt & Au

Angesagt, jung und wild

Willkommen im Vergnügen! Zwischen dem Sendlinger Tor, der Isar, dem sternförmigen Gärtnerplatz und dem Schlachthof steht das Leben nie still. Früher konnte man hier noch für ein paar Groschen ein Zimmer mieten, aber diese Zeiten sind längst vorbei.

Die Isarvorstadt anno 1800: Zahlreiche Bachläufe mit kristallklarem Wasser aus der Isar mäandern durch die Wiesenlandschaft östlich des Flusses. An deren Ufer gehen Floßfahrer und Waschfrauen ihrer Arbeit nach, ihre Behausungen sind ärmlich. Die erste echte Stadtentwicklung findet erst 100 Jahre später statt. Die Stadt dehnt sich aus, die Bevölkerung nimmt zu, die Bäche werden zugeschüttet und die Wohnblocks schießen wie Pilze aus dem Boden.

Heute sind Gärtnerplatz- und Glockenbachviertel die In-Viertel der Stadt. Hier wohnen viele gut verdienende Yuppies und Schwule. Letztere haben dazu beigetragen, dass die Isarvorstadt bunt, quirlig und vielschichtig geworden ist.

3

Der Gärtnerplatz ist der Ort, an dem man sich abends auf eine Grünfläche setzt und mit einem Glas Wein in der Hand das Treiben ringsherum beobachtet. Die Klenze-, Cornelius- und Reichenbachstraße mit den vielen Designerläden sind wahre Shoppingmeilen. In der Holz-, Westermühl- und Hans-Sachs-Straße und in der Gegend ringsherum, dem Kern des Glockenbachviertels, reihen sich Galerien, Cafés und Clubs aneinander.

In den Sommermonaten sind die Isaranlagen ein echter Hotspot. Radfahrer und Jogger frönen ihrer Leidenschaft und die halbe Stadt scheint sich am östlichen Ufer in der Au zu treffen, um den Abend mit einem Prosecco oder Aperol einzuläuten. In diesem ruhigen Viertel findet auch der Jahrmarkt Auer Dult statt. Die Au wird immer beliebter bei jungen Paaren und daher verwundert es nicht, dass ständig neue Restaurants ihre Türen öffnen, die für Bewohner der benachbarten Isarvorstadt ebenfalls attraktiv sind. Die Humboldtstraße ist die Grenze zu Giesing, einem Arbeiterviertel, das nicht durch seine Schönheit, doch durch die Fußball-"Löwen" von 1860 München nationale Bekanntheit erlangt hat. Allerdings nimmt auch hier die Zahl interessanter Lokale stetig zu.

6 Insider-Tipps

Viktualienmarkt

Während einer Führung den einzigartigen Markt erleben.

Trachtenvogl

Zur Stärkung eine Suppe oder einen Kakao schlürfen.

Rocket.

Street-Art, Sneakers und coole Jeans kaufen.

Deutsches Museum

Alles über Gutenbergs Druckerpresse erfahren.

Isaranlagen

Am kühlen Wasser die Sonne genießen.

Viehhof Kino

Einen Film im Freien ansehen.

 Sehenswürdigkeiten

Shoppen

 Essen & Trinken

 München live

Sehenswürdigkeiten

(7) Das **Deutsche Museum** in München hat eine Ausstellungsfläche von insgesamt 60.000 Quadratmetern und gehört zu den bedeutendsten Naturwissenschafts- und Technikmuseen der Welt. Das Museum, gelegen auf der Münchner Museumsinsel mitten in der Isar, umfasst zahlreiche verschiedene Sammlungen. Nicht verpassen sollte man Gutenbergs Druckerpresse, das berühmte Foucaultsche Pendel, Leibniz' Rechenmaschine, das erste Telefon von Bell, die ersten Filmprojektoren und Dunlops Gummireifen.
museumsinsel 1, www.deutsches-museum.de, telefon: 089 21791, geöffnet: täglich 9.00-17.00, eintritt: 8,50 €, u-bahn: 1 & 2 fraunhoferstraße, straßenbahn: 16 deutsches museum

(9) In dem einst als Volkstheater gegründeten Staatstheater am sechseckigen Gärtnerplatz stehen normalerweise Opern, Operetten, Musicals und Tanzveranstaltungen auf dem Programm. Da das wunderschöne **Gärtnerplatztheater** derzeit saniert wird, ist das Theater geschlossen. Voraussichtlich Ende 2015, zur 150-jährigen Jubiläumsfeier, wird es seine Tore wieder öffnen.
gärtnerplatz 3, www.gaertnerplatztheater.de, telefon: 089 202411, u-bahn: 1 & 2 fraunhoferstraße, straßenbahn: 16 & 18 reichenbachplatz

(21) Einst war der **alter Südfriedhof** südlich des Sendlinger Tors eine Begräbnisstätte für Opfer der Pestepidemie von 1563. Im 18. Jahrhundert wurde das Areal dann als städtischer Friedhof genutzt, da Beerdigungen innerhalb der Stadtmauern untersagt waren. Die letzte Bestattung fand jedoch 1944 statt. Seitdem ist der Friedhof ein denkmalgeschützter Park. Mancher mag es vielleicht makaber finden, an den Gräbern entlang zu spazieren, doch das tun hier viele: Ob Mütter mit Kindern, Jogger oder Studenten – sie alle suchen Ruhe in dieser grünen Oase.
thalkirchnerstraße 17, telefon: 089 2319901, geöffnet: täglich bis sonnenuntergang, u-bahn: 3 & 6 sendlinger tor

Essen & Trinken

(2) Das **Café Fräulein** scheint mit der schönen altmodischen Einrichtung eine Hommage an eine entfernte Tante oder Oma und deren Rezeptbuch zu sein. Es gibt hausgemachte Limonaden, selbst gebackenen Kuchen und Frühstück mit frischem Obst und Zimtkeksen. Nicht nur für Fräuleins.
frauenstraße 11, www.cafe-fraeulein.de, telefon: 0177 6721090, geöffnet: mo-sa 9.00-18.00, so 10.00-18.00, preis: 8 €, s-bahn: 1-4 & 6-8, u-bahn: 3 & 6 marienplatz, 1-3 & 6 sendlinger tor

(8) Wo kann man besser die Eindrücke des Tages Revue passieren lassen als im **Café Hüller** an der ruhigen Isar-Ostseite? Verwöhnen Sie sich zudem am besten mit einer hausgemachten Suppe oder gefüllten Pfannkuchen.
eduard-schmid-straße 8, www.cafe-hueller.jimdo.com, telefon: 089 18938713, geöffnet: mo-fr 11.00-23.00, sa 10.00-23.00, so 10.00-22.00, preis: 6 €, u-bahn: 1 & 2 fraunhoferstraße, straßenbahn: 16 deutsches museum

(10) Bei **Crème** gibt es Kaffee, Espresso oder Cappuccino to go mit einem Croissant. Phänomenal sind die Laugenstangerln, die mit Thunfisch, Lachs, Käse oder Wurst belegt werden. Für Sparfüchse: Kurz vor 18.00 Uhr kosten die Kuchen und Kekse nur noch die Hälfte.
reichenbachstraße 24, www.creme-cafe.de, telefon: 089 18006696, geöffnet: mo-fr 7.30-18.30, sa 8.30-17.00, preis: 7 €, u-bahn: 1 & 2 fraunhoferstraße

(13) Wer ausgiebig frühstücken oder lunchen will, ist bei **Trachtenvogl** richtig. Das Mittagsangebot wechselt wöchentlich, aber eine Suppe, ein Salat und zwei warme Hauptspeisen sind Standard. Versuchen Sie, einen Platz auf der Terrasse zu ergattern, und genießen Sie einen der 40 (!) Sorten heißen Kakaos.
reichenbachstraße 47, www.trachtenvogl.de, telefon: 089 2015160, geöffnet: täglich 9.00-22.00, preis: 10 €, u-bahn: 1 & 2 fraunhoferstraße

㉓ **BURRITO COMPANY**

(15) Wenn man den Wert eines Kaffees messen könnte, dann kämen dem Espresso, den Barista Sabine Lange im **Auroom** zubereitet, 24 Karat zu. Außerdem werden in der "goldenen" Bar zum Thema Kaffee passende Menüs serviert. Barkeeper Alexander Wimmers Spezialität sind Cocktails mit spannenden Namen wie Breakfast Martini oder Pink Lips.
hans-sachs-straße 20, www.auroom.de, telefon: 089 20009090, geöffnet: mo-do 18.00-0.00, fr-sa 18.00-3.00, preis: cocktail 9 €, u-bahn: 1 & 2 fraunhoferstraße

(20) Im Glockenbachviertel gibt es einige Top-Adressen, und das **Aroma** gehört dazu. Hier bekommt man zum Beispiel ein Stück Karottenkuchen mit Latte Macchiato. Und wenn Sie schon einmal da sind, sollten Sie noch etwas für unterwegs mitnehmen, zum Beispiel Muffins, Lutscher oder Erdbeerstangen. Oder was halten Sie von einer (erfrischenden) "Wasserpistole" als herrlicher Abkühlung an einem warmen Tag?
pestalozzistraße 24, www.aromakaffeebar.com, telefon: 089 26949249, geöffnet: mo-fr 7.00-20.00, sa-so 9.00-20.00, u-bahn: 3 & 6 sendlinger tor

(22) Besuchen Sie doch einmal die "Heilige Familie". Im **Café Maria** treffen sich Anwohner, um bei Kuchen oder kleinen Snacks ein Schwätzchen zu halten, während nebenan in der **Eisdiele Jessas** – die bayerische Bezeichung für Jesus – zahlreiche Eissorten wie Schoko-Ingwer und Zitrone-Basilikum auf der Zunge zergehen. Einfach himmlisch!
klenzestraße 97-99, www.dasmaria.de, telefon: 0174 3176469, geöffnet: maria mo-fr 8.30-22.00, sa-so 9.00-19.00, jessas mo-fr 12.00-22.00, sa-so 11.00-22.00, preis: 10 €, u-bahn: 1 & 2 fraunhoferstraße

(23) Nach ihrer Tour durch Kalifornien vermissten Michael Freismuth und Daniel Hofmann zwei Dinge: die Sonne und den Mission-style burrito. Einmal zurück in München, war die Idee bald geboren: Ein eigener Laden musste her, und so entstand **Burrito Company**, erst in der Augustenstraße und 2014 auch in der Baaderstraße. Das Tolle: Man stellt seinen Burrito selbst zusammen. Scheint die Sonne? Dann ab zum Munich Beach oder anders gesagt: zur Isar.
baaderstraße 68, www.burrito-company.de, telefon: 089 7534952, geöffnet: täglich 11.30-21.30, preis: 6,50 €, u-bahn: 1 & 2 fraunhoferstraße

(26) Unter dem wachsamen Auge von Sophia Loren werden hier seit 2013 fleißig Pizzen belegt, die Zutaten für das Tiramisu verrührt und Eis in Waffel und Becher gefüllt. Das familiäre Ambiente, die moderaten Preise – für nur 7 Euro gibt es ein leckeres Nudelgericht – und der gute Hauswein machen aus immer mehr Anwohnern aus der Au Stammgäste von **La Sophia**.

kolumbusstraße 1, telefon: 089 20089038, geöffnet: täglich 10.00-22.00, preis: nudelgericht 7 €, u-bahn: 1 & 2 kolumbusplatz

(27) Mit Kuhleder bezogene Sofas, Baumstümpfe als Hocker und ein Büffelkopf an der Wand: **Wuid** ist tatsächlich ziemlich wild. Die Speisekarte ist auf das Interieur abgestimmt: urbayerische Gerichte mit cooler Note wie Kartoffelsalat mit Spargel und Grapefruit oder Schweinefleisch mit karamellisierten Zwiebeln. Kleine Lektion Bairisch für Anfänger: "hintn nach" bedeutet ganz einfach "Nachspeisen".

humboldtstraße 20, www.wuidbar.de, telefon: 0172 7626114, geöffnet: di-so 17.00-1.00, preis: 18 €, u-bahn: 1 & 2 kolumbusplatz

(28) Nicht nur die vietnamesischen Gerichte wie Garnelen im Teigmantel, die scharfe Ente und die Ananas mit Chilisalz lassen die Körpertemperatur bei **Charlie** gefühlt in die Höhe schnellen. Auch die DJs, die im Keller jeden Samstag ab 22 Uhr auflegen, bringen die Hipster aus dem Glockenbachviertel zum Schwitzen. Wenn Sie etwas zu essen bestellen, dann hilft gegen die Schärfe am besten ein kühles Tiger Beer oder eine Ingwerschorle mit Limette.

schyrenstraße 8, www.charl.ie, telefon: 089 48058244, geöffnet: di-sa 18.00-1.00, so 17.00-23.00, preis: 15 €, u-bahn. 1 & 2 kolumbusplatz

(29) Eine Terrasse in Isarnähe, eine gelbe Bar und Barhocker mit Lederbezug sowie eine Speisekarte für jede Tageszeit – so lautet das Geheimrezept von **Zoozie'z**. Es ist die ideale Adresse für einen afternoon tea mit englischem Kuchen, einen multikulturellen Sonntagsbrunch oder eine gesellige Aperitif-Runde. Auf den bunten Sofas lässt es sich herrlich entspannen und bei einem Drink kann man die gewagten Farbkombinationen der Einrichtung bestaunen.

wittelsbacherstraße 15, www.zooziez.de, telefon: 089 2010059, geöffnet: täglich 9.00-1.00, preis: 15 €, u-bahn: 3 & 6 goetheplatz, 1 & 2 kolumbusplatz

ZOOZIE'Z ㉙

Shoppen

(3) Papier ist mehr als nur Verpackungsmaterial. Es ist zum Beispiel auch ein Medium für Liebesbriefe und andere Grüße. Bei **Buntpapier** gibt es Geschenkpapier, Fotoalben, Servietten, Hefte und Lampions in Hülle und Fülle. Und nicht zu vergessen: andere schöne Dinge wie Stempel, Schmuck, Schlüsselanhänger, Spielzeug und vieles mehr.
rumfordstraße 5, telefon: 089 2604272, geöffnet: mo-fr 10.00-19.00, sa 10.00-18.00, straßenbahn: 16 & 18 reichenbachplatz

(4) Für einen langen Sonntag im Bett sind Schlafanzüge von Princesse Tam Tam oder Pure Cashmere, Bettbezüge und Hausschuhe von Okha sowie nostalgische Bildbände von Assouline unentbehrlich. Das **Sunday in Bed** ist ein Paradies für Langschläfer und Nachtwandler.
rumfordstraße 6, www.sundayinbed.de, telefon: 089 25549544, geöffnet: mo-fr 10.00-18.00, sa 10.00-16.00, straßenbahn: 16 & 18 reichenbachplatz

(5) Was am Prenzlauer Berg in Berlin einst als Laden für Gebrauchtmöbel und leckere Waffeln begann, entwickelte sich zu einem Konzept mit Niederlassungen in zehn deutschen Städten und in Wien. Bei **Kauf Dich Glücklich** liegt der Schwerpunkt vor allem auf jungen Modedesignern aus Skandinavien und Berlin wie Vagabond, Luxe, Vila und Nümph. Eine zweite Filiale gibt es in der Schellingstraße in der Maxvorstadt.
reichenbachstraße 14, www.kaufdichgluecklich-shop.de, telefon: 089 25549269, geöffnet: mo-sa 10.30-20.00, straßenbahn: 16 & 18 reichenbachplatz

(6) Mithilfe des freundlichen Personals von **Leib & Seele** finden Sie bestimmt das eine Kleid oder genau die richtige Jacke für die abendliche Kneipentour durch das Glockenbachviertel. Auch wer sein Outfit nur etwas aufwerten möchte, wird bei den interessanten Accessoires des Berliner Labels Hüftgold garantiert fündig. Ein Ableger befindet sich in der Feilitzschstraße in Schwabing.
klenzestraße 22, www.leib-seele.com, telefon: 089 23077295, geöffnet: mo-sa 11.00-20.00, straßenbahn: 16 & 18 reichenbachplatz

KAUF DICH GLÜCKLICH ⑤

⑪ Bei **Georgefrank** hilft der Inhaber Frank Zwettler seinen Kunden, die keine eigene Lebensweisheit parat haben, bei der Auswahl des Textes (etwa "Natural born chiller" oder "Instant Human / Just add coffee"), bei der Suche nach dem Schrifttyp sowie der Größe und der Farbe des T-Shirts. Nach einem Spaziergang kann man das individuelle Shirt dann abholen.

reichenbachstraße 28, www.georgefrank.de, telefon: 089 20209329, geöffnet: mo-fr 10.00-13.00 & 14.00-19.00, sa 11.00-17.00, u-bahn: 1 & 2 fraunhoferstraße

⑫ **Rocket**. ist die Top-Adresse für Liebhaber von Street-Art. In dem Laden mit Holzboden und schmalen Säulen verkauft Kirsten Almanstötter, die ein großer Skandinavien-Fan ist, Zeitschriften und Bücher über Straßenkunst sowie Schmuck von By Philippe und Schals von Becksöndergaard. Im hinteren Bereich findet man zudem eine große Sneakerkollektion und schöne Dinge zum Anziehen oder Umhängen.

reichenbachstraße 41, www.rocket-store.de, telefon: 089 18955912, geöffnet: mo-sa 11.00-19.00, u-bahn: 1 & 2 fraunhoferstraße

⑭ Die **Schallplattenzentrale** an der Grenze zwischen Gärtnerplatz- und Glockenbachviertel hat nur einen einzigen Nachteil: Man kann hier keine Musik hören. Aber vielleicht ist das der Grund dafür, dass neue wie gebrauchte Schallplatten und CDs nie mehr als zehn Euro kosten.

fraunhoferstraße 26, www.schallplattenzentrale.de, telefon: 089 20209966, geöffnet: di-fr 15.00-19.00, sa 12.00-16.00, u-bahn. 1 & 2 fraunhoferstraße

⑯ Im Laden **Der 7. Himmel** ist der Name Programm: Das Stöbern in der Kollektion neuer und alter Kleidung ist ein echt himmlisches Vergnügen. Aus den Stücken von Indian Rose, Pussy Deluxe, Religion oder anderen ist im Nu ein hippes Outfit zusammengestellt. Ergänzend im Sortiment: Accessoires wie Gürtel, Hüte und natürlich Schmuck.

hans-sachs-straße 17, www.siebterhimmel.com, telefon: 089 267053, geöffnet: mo-fr 11.00-19.00, sa 10.00-18.00, u-bahn. 1 & 2 fraunhoferstraße

(17) Eigentlich ist es in der **Götterspeise**, einer Chocolaterie mit angeschlossenem Café, immer viel zu voll – schauen Sie trotzdem mal vorbei. Denn die mit Ingwer oder Marzipan gefüllten Pralinen sind so verlockend, dass man sie unbedingt probieren muss. Ob Mütter mit ihren Kindern, schicke Anwohner in Lederjacken oder neugierige Citytripper – niemand kann diesen Köstlichkeiten widerstehen. Die hausgemachten Kuchen und Torten, Muffins und Brownies sind ein Gedicht, allerdings nicht ganz billig.

jahnstraße 30, www.goetterspeise.info, telefon: 089 23887374, geöffnet: mo-fr 8.00-19.00, sa 9.00-18.00, u-bahn: 1 & 2 fraunhoferstraße

(19) Wer vorhat, sich das Jawort zu geben, sollte erst bei **Schmelztiegel** vorbeischauen und sich von Yasmin Mirza-Zadeh, Edina Fischer und Albrecht Scharf inspirieren lassen. Sie stellen individuelle Eheringe und andere maßgefertigte Schmuckstücke aus Silber, Metall und Edelsteinen her.

holzstraße 27, www.schmelztiegel.org, telefon: 089 23702873, geöffnet: di-fr 10.00-12.30 & 13.30-19.00, sa 11.00-15.00, u-bahn: 3 & 6 sendlinger tor

(24) Ob man Lust auf ein Frühstück hat, eine Zeitung kaufen will oder einen Energy-Drink braucht, ob man dringend einen Blumenstrauß benötigt, um etwas wiedergutzumachen, ein kühlendes Eis oder ein Bier gegen den Kater: Am **Reichenbachkiosk** an der gleichnamigen Brücke gibt es alles – und zwar täglich rund um die Uhr. Hier kann man sich aber auch wunderbar einen Vorrat für einen Abend an der Isar zulegen.

fraunhoferstraße 46, telefon: 089 2015297, geöffnet: rund um die uhr, u-bahn: 1 & 2 fraunhoferstraße

Isarvorstadt & Au

An einer Viktualienmarkt-Führung ① teilnehmen. Danach zum Frühstück links in die Frauenstraße ②. Zurückgehen und links in die Reichenbachstraße. Dort rechts in die Rumfordstraße, um Papier ③ oder einen Schlafanzug zu kaufen ④. Zurückgehen, um Berliner Mode ⑤ anzuprobieren. Vorbei am Gärtnerplatz in die Klenzestraße einbiegen, um die Shoppingtour fortzusetzen ⑥. Geradeaus gehen, rechts in die Buttermelcherstraße, links in die Baaderstraße, rechts in die Kohlstraße und über die Isar-Brücke zum Deutschen Museum ⑦. Dann die Kleine Isar überqueren, um eine Suppe ⑧ zu essen und über die Corneliusbrücke zurück zur Isarvorstadt. Über den Gärtnerplatz ⑨ in die Reichenbachstraße, um zu shoppen oder etwas zu trinken ⑩ ⑪ ⑫ ⑬. Schallplattenfreaks wenden sich rechts in die Fraunhoferstraße ⑭. Links in die Jahnstraße und dann in der zweiten rechts, der Hans-Sachs-Straße, einen Kaffee ⑮ trinken, ein neues Outfit kaufen ⑯ oder himmlisch speisen ⑰. Links gibt es ein Lederatelier ⑱. Über die Westermühlstraße zurück zur Holzstraße, um rechts Ideen für die Hochzeit zu sammeln ⑲. Etwas weitergehen und einen Zwischenstopp einlegen ⑳, bevor es links neben der Kirche zum Alten Südfriedhof ㉑ geht. Den Friedhof links neben den Arkaden verlassen und zur Holzstraße zurückgehen. Über die Straße Am Glockenbach erreichen Sie rechts die Baumstraße. Dieser bis zur Klenzestraße folgen und bei der "Heiligen Familie" einkehren ㉒. Geradeaus gehen, dann am Ende der Straße rechts und dann wieder links in die Westermühlstraße. Über die Auenstraße und die Baaderstraße erreichen Sie Burrito Company ㉓. Zurück in die Fraunhoferstraße, um ein Radler zu trinken ㉔. Dann die Reichenbachbrücke überqueren und die Isaranlagen ㉕ erkunden. In Höhe der kleinen Insel links in der Schlotthauerstraße ein italienisches Essen ㉖ genießen. Oder rechts der Kolumbusstraße bis zur Oefelestraße folgen, um rechts in der Humboldtstraße bayerische Schmankerl zu essen ㉗. Zurück in die Oefelestraße, rechts in die Freibadstraße, die in die Schyrenstraße übergeht, in der vietnamesische Überraschungen warten ㉘. Die Wittelsbacherbrücke überqueren, um etwas zu trinken ㉙. An der Isar entlanggehen und über die Auenstraße Richtung Ehrengutstraße. Dieser Straße folgen, rechts in die Thalkirchner Straße und links in die Zenettistraße, um den Spaziergang im Wirtshaus im Schlachthof ㉚ oder mit einem Film unter Sternenhimmel abzuschließen ㉛.

3

1. Viktualienmarkt
2. Café Fräulein
3. Buntpapier
4. Sunday in Bed
5. Kauf Dich Glücklich
6. Leib & Seele
7. Deutsches Museum
8. Café Hüller
9. Gärtnerplatztheater
10. Crème
11. Georgefrank
12. Rocket.
13. Trachtenvogl
14. Schallplattenzentrale
15. Auroom
16. Der 7. Himmel
17. Götterspeise
18. Antonetty
19. Schmelztiegel
20. Auroom
21. Alter Südfriedhof
22. Café Maria & Eisdiele Jessas
23. Burrito Company
24. Reichenbachkiosk
25. Isaranlagen
26. La Sophia
27. Wuid
28. Charlie
29. Zoozie'z
30. Wirtshaus im Schlachthof
31. Viehhof Kino

SPAZIERGANG 6

Theresien-wiese

Kaiser-Ludwig-Denkmal

Goetheplatz

Ziel

Schwabing &
Englischer Garten

Vom Dorf zur Weltstadt mit Herz

Jahrhundertelang war das Dorf Schwabing eigenständig – eine ländliche Idylle
mit stattlichen Höfen und großen Ländereien, auf deren Feldern Getreide
wuchs. Die kleinen Häuser rund um den Wedekindplatz erinnern noch heute
an diese Zeit.

Welch ein Kontrast: "Das Montmartre von München" und "Nabel der Welt"
waren zwei der vielen Titel, die Schwabing Ende des 19. Jahrhunderts inne-
hatte. Das Viertel war damals Zufluchtsort für zahllose Künstler, Philosophen
und Tagträumer. In Dachzimmern wurden (Lied-)Texte gereimt und in Ateliers
fleißig modelliert und gemalt. Anschließend gab man in den Kneipen das schwer
verdiente Geld wieder aus, während man über den Sinn des Lebens philoso-
phierte. Dass gerade in Schwabing so viele Bohemiens ihr Glück suchten, lag
vor allem an den niedrigen Mieten. Als das Dorf 1891 seine Eigenständigkeit
verlor und nach München eingemeindet wurde, schossen die Häuserblocks
beiderseits der Leopoldstraße aus dem Boden.

4

Heute findet man westlich der Leopoldstraße zahlreiche Villen, kleine Cafés und Geschäfte. Die Gegend ist fest in Händen von Studenten der bekannten Ludwig-Maximilians-Universität und der Akademie der Bildenden Künste in der Maxvorstadt. Das Gebiet östlich der Leopoldstraße hat längst nicht mehr das attraktive Flair früherer Tage, als es noch das Zentrum Schwabings war. Sehenswert sind die zahlreichen Häuser mit Jugendstilfassaden.

An diese Seite des Viertels grenzt der Englische Garten. Mit einer Fläche von 375 Hektar ist dieser Park sogar größer als der Central Park in New York oder der Hyde Park in London. Als in Frankreich die Revolution den Menschen Angst und Hoffnung einflößte und Europa mit Zensur und Widerstand reagierte, wurde in München zum Wohle der bayerischen Armee ein großer Park angelegt. Ob Einheimischer oder Tourist, ob Jung oder Alt, ob Sportler oder Spaziergänger – heute kann sich hier jeder auf den gewundenen Wegen, zwischen den Bäumen, in den Biergärten und am See entspannen.

6 Insider-Tipps

Odeonsplatz

Die italienische Atmosphäre auf sich wirken lassen.

Chinesischer Turm

Im Englischen Garten gemütlich ein Bier trinken.

Seerose

Wie bei "la mama" essen.

DenkStätte Weiße Rose

Etwas über die mutigen Studenten der Widerstandsbewegung erfahren.

Living Colour

Den Geldbeutel am besten zu Hause lassen.

Surfen auf dem Eisbach

Die coolen Surfer auf dem Eisbach bestaunen.

● Sehenswürdigkeiten
● Shoppen

● Essen & Trinken
● München live

Sehenswürdigkeiten

(1) Am **Odeonsplatz** am nördlichen Altstadtrand stehen zahlreiche Gebäude, die unterstreichen, dass München tatsächlich die nördlichste Stadt Italiens ist. Werfen Sie einen Blick in die prachtvolle Theatinerkirche, die Hofkirche der Wittelsbacher Fürsten, die 1663 im Stil des italienischen Hochbarocks errichtet wurde. Zweites architektonisches Highlight ist die Feldherrnhalle, ein Baudenkmal von 1841 zu Ehren der bayerischen Armee. Vorbild für das klassizistische Gebäude mit seinen drei charakteristischen Bögen war die Loggia dei Stanzi in Florenz.
odeonsplatz, u-bahn: 3-6 odeonsplatz

(12) Die Widerstandsbewegung Weiße Rose ist eng mit der LMU, der Ludwig-Maximilians-Universität verbunden, was unter anderem mit dem Bodendenkmal vor dem Haupteingang dokumentiert wird. Nachdem sie im Februar 1943 von der Galerie der Uni in den Lichthof Flugblätter herabgeworfen hatten, in denen sie gegen die Herrschaft Hitlers aufbegehrten, wurden die Studenten Hans und Sophie Scholl verhaftet und anschließend ermordet. 1997 hat die Uni die **DenkStätte Weiße Rose** eingerichtet, eine Dauerausstellung mit Fotos und Informationstexten, die einen Blick in das Leben der beiden jungen Widerstandskämpfer ermöglicht.
geschwister-scholl-platz 1, www.weisse-rose-stiftung.de, telefon: 089 21803053, geöffnet: mo-fr 10.00-16.00, sa 12.00-15.00, eintritt: frei, u-bahn: 3 & 6 universität

(14) Der Jugendstil des frühen 20. Jahrhunderts ist geprägt von einer geschwungenen Linienführung und Ornamenten, die die Pflanzen- und Tierwelt zum Vorbild hatten. In München begegnet man diesem Baustil vielerorts, die Highlights stehen jedoch vor allem in Schwabing: In der **Gedonstraße** springt das farbenprächtige Gebäude bei Hausnummer 4–6 ins Auge, während in der **Martiusstraße** die Hausnummern 1, 3–5, 7 (von Anton Hatzl) und 6 (von Franz Popp; von 1936 bis 1944 das Wohnhaus des Dichters Max Halbe) absolut sehenswert sind.
gedonstraße und martiusstraße, u-bahn: 3 & 6 giselastraße

(15) Wer kennt sie nicht, den gigantischen Molecule Man in Los Angeles oder Berlin und den riesigen Hammering Man in Frankfurt, Seoul oder Seattle. Auch in München hat der amerikanische Bildhauer Jonathan Borofsky zugeschlagen: Sein 17 Meter hoher **Walking Man** steht direkt an der Leopoldstraße, der Lebensader Schwabings.
leopoldstraße 36, u-bahn: 3 & 6 giselastraße

(16) Auf dem ersten Blick scheint die **Ainmillerstraße** nicht gerade reizvoll zu sein: Wohnblocks, parkende Autos und hier und da etwas Grün. Doch es gibt in ganz München keine Straße, in der so viele Prominente wohnten oder noch wohnen wie hier. Am Ende des 19. Jahrhunderts entdeckte die Münchner Avantgarde diese Gegend. Die Hausnummern 20, 22 (die 1983 den Münchner Fassadenpreis gewann), 26 (auch als Fotografenhaus bekannt), 30 (Wohnhaus des Soziologen Stephun) und 36 (Wohnung von Rilke) sollten Sie sich mal genauer ansehen.
ainmillerstraße, u-bahn: 3 & 6 giselastraße

(30) Das **Haus der Kunst** an der Prinzregentenstraße, 1937 von den National-sozialisten als Haus der Deutschen Kunst eröffnet, ist heute eines der welt-weit bedeutendsten Kunstmuseen. Der Monumentalbau am südlichen Ende des Englischen Gartens wurde unter anderem mit Geld privater Sponsoren finanziert.
prinzregentenstraße 1, www.hausderkunst.de, telefon: 089 21127113, geöffnet: mo-mi & fr-so 10.00-20.00, do 10.00-22.00, eintritt: je nach ausstellung 5-10 €, u-bahn: 4 & 5 lehel, straßenbahn: tram 18 haus der kunst

⑤ **THERESA**

Essen & Trinken

(4) Ein knurrender Magen wird sich über eine Portion Pommes freuen. Erst recht, wenn es welche von der **Pommes Boutique** sind. Die sind nicht nur original belgisch, sondern auch echt bio. Und sie enthalten, so versichert der Inhaber Bernie Heiler persönlich, "mehr Vitamin C als ein Teller Salat". Außer Pommes gibt es noch Snacks wie Krabbenkroketten und Cevapcici-Lutscher sowie Currywurst und über 20 verschiedene Soßen wie Tomaten-Chili-Marmelade und natürlich fettarme Mayonnaise.

amalienstraße 46, www.pommesboutique.de, telefon: 089 95473312, geöffnet: mo-sa 10.00-22.00, so 12.00-20.00, preis: 5 €, u-bahn: 3 & 6 universität

(5) Noch keine Pläne für den Abend? Dann sollten Sie bei **Theresa** einen Tisch reservieren. Grautöne, ein großer Raum, lange Tische und ein Ambiente, das an New York erinnert, charakterisieren dieses Restaurant. Auf dem riesigen Holzkohlegrill landen T-Bone-Steaks, deutsche Rib Eye und spanische Iberico-Steaks, bis sie medium rare sind. Fischgerichte findet man ebenfalls auf der Speisekarte sowie Angebote für Vegetarier, allerdings ist die Auswahl da nicht gerade üppig. Wer die Kalorien anschließend gleich wieder verbrennen will, hat dazu beim Bowling im Keller Gelegenheit, allerdings nur nach Voranmeldung.

theresienstraße 29, www.theresa-restaurant.com, telefon: 089 28803301, geöffnet: mo-fr 11.00-1.00, sa-so 9.00-1.00, preis: 27 €, straßenbahn: 27 pinakotheken

(6) Ein Frühstück im **Café Puck** ist ein Muss und sogar für Langschläfer machbar, denn es wird bis 18 Uhr serviert. Vor allem sonntags ist hier immer sehr viel los, als hätten die Münchner kollektiv vergessen, Brot einzukaufen. Bei Puck gibt es außer einem Käse- und Wurstfrühstück auch Bagels oder Pumpernickel mit Marmelade. Für einen Sonntag sollte man rechtzeitig reservieren. Die Mittagskarte (11.30–14.00 Uhr) wechselt täglich.

türkenstraße 33, www.cafepuck.de, telefon: 089 2802280, geöffnet: mo-sa 9.00-1.00, so 9.00-20.00, preis: 15 €, u-bahn: 3 & 6 universität

(10) Die Gegend in und um die Türken-, Schelling- und Amalienstraße trug immer schon avantgardistische Züge. Im frühen 20. Jahrhundert lebten hier vor allem Dichter und Künstler, heute sind es Studenten und bärtige Alternative. Unverändert geblieben ist das Café **Alter Simpl**, das nach der Satirezeitschrift *Simplicissimus* benannt wurde, an der unter anderem Thomas Mann und Käthe Kollwitz mitwirkten. Die Küche des Lokals ist zwar nicht gerade umwerfend, aber die Atmosphäre ist nach wie vor einzigartig.
türkenstraße 57, telefon: 089 2723083, geöffnet: so-do 11.00-3.00, fr-sa 11.00-4.00, preis: 12 €, u-bahn: 3 & 6 universität

(11) Am Ende der Türkenstraße sollten Sie kurz innehalten, denn dort wartet das Schlaraffenland auf Sie. In ihrem **Gartensalon** bieten Ines und Susi täglich drei Mittagsmenüs an, eines davon vegetarisch, sowie Kuchen und Bonbons. Wer gerne in Kochbüchern schmökert, kommt hier auch auf seine Kosten. Von April bis September findet jeweils am letzten Freitagabend des Monats Salonmusik statt, teils von Musikstudenten.
türkenstraße 90, www.gartensalon.net, telefon: 089 28778604, geöffnet: di-sa 9.00-19.00, so 10.00-19.00, preis: 5 €, u-bahn. 3 & 6 universität

(13) Die Firma Barer betreibt vier Cafés, von denen drei sich in der Barer Straße befinden. Wie jede Familie hat auch Barer ein schwarzes Schaf – **Königin 43**. Statt eines Plätzchens in der lebhaften Einkaufsstraße blieb für diesen Spross nur ein baumreicher Ort am Rande des Englischen Gartens. Auf der sonnigen Terrasse kann man zum Beispiel mit einem frisch gepressten Saft oder einem Apfel-Ingwer-Honig-Tee herrlich relaxen. Die Speisekarte ist überschaubar, das Essen gut und die Preise sind moderat. Es lebe die Königin!
königinstraße 43, www.barer61.de, telefon: 089 331262, geöffnet: mo-sa 8.00-0.30, so bis 21.00, u-bahn. 3 & 6 universität

(20) Früher einmal verkaufte Tommy Bartu schicke Schuhe, aber das ist ein ebenso gut gehütetes Geheimnis wie sein Eiscafé **Gelato Bartu** im Herzen Schwabings. Im Sommer löffelt er nun frisches, selbst gemachtes Eis mit wohlklingenden Namen wie Schokino und Café Maya in Waffeln. Probieren Sie mal das Lieblingseis der Anwohner: New-York-Cheesecake.
wilhelmstraße 23, www.bartu-bioeismanufaktur.de, telefon: 089 38476040, geöffnet: mo-so 11.00-22.00, preis: eis 1,70 €, u-bahn: 3 & 6 münchner freiheit

㉒ 2011 gründeten Konstantin Graf von Keyserlingk und Maximilian Kloker die Brennerei Munich Distillers. Ihr Ziel: nach alter Tradition und nach einem Reinheitsgebot wie beim bayerischen Bier Wodka herzustellen. Das Ergebnis nennt sich Monaco Vodka. In der **Distillers Bar**, wo man auch bunte T-Shirts mit dem Konterfei von Monaco Franze, dem legendären Münchner Fernsehkommissar aus den 1980er-Jahren, bekommt, stellt Cocktailguru John Hofmann Ihnen die hauseigenen "Wässerchen" gerne vor.

occamstraße 2, www.munichdistillers.de, telefon: 089 336900, geöffnet: di-do 19.00-1.00, fr-sa 19.00-3.00, preis: cocktail 8 €, u-bahn: 3 & 6 münchner freiheit

㉓ Wer sich während eines längeren Spaziergangs stärken will, kann in der Trattoria **Seerose** einkehren. Hier wird *alla casalinga*, also nach Hausfrauenart, gekocht. An Holztischen mit rot-weiß karierten Tischdecken, über denen Lampenschirme aus Rattan hängen, kann man sich unter anderem Pilzrisotto mit Cranberrys und Pancetta oder Linguine mit Thunfisch und Kapern schmecken lassen. Wer es eilig hat, trinkt einfach im Stehen an der Bar einen Espresso, einen Aperitif oder ein Bier.

feilitzschstraße 32, www.seerose-trattoria.com, telefon: 089 461331420, geöffnet: mo-fr 11.30-1.00, sa-so 10.00-1.00, preis: 25 €, u-bahn: 3 & 6 münchner freiheit

㉘ Haben Sie schon einmal eine Apfel-Mohn-Schorle oder einen Monaco-Franzi, ein mit Tomaten, Basilikum und Pesto belegtes Brötchen, probiert? Im **Milchhäusl**, dem besten Kiosk der Stadt, kann man all diese biologischen Köstlichkeiten genießen.

königinstraße 6, www.milchhaeusl.de, telefon: 089 517297180, geöffnet: täglich 10.00- 22.00, preis: belegtes brötchen 4 €, u-bahn: 3 & 6 universität

㉙ Das **Japanische Teehaus** wurde anlässlich der Olympischen Sommerspiele 1972 errichtet (Sapporo ist eine Partnerstadt von München). Am besten besucht man das Teehaus während einer der Teezeremonien, die von einem echten japanischen Teemeister abgehalten werden.

englischer garten, www.urasenke-muenchen.de, telefon: 089 224319, geöffnet: teezeremonie apr.-okt. an einem wochenende pro monat 14.00, 15.00, 16.00 & 17.00, preis: teezeremonie 6 €, u-bahn: 3 & 6 giselastraße

㉛ Die Wände des Lokals **Goldene Bar** sind mit einer Landkarte der Champagne und Skizzen schottischer Whiskybrennereien geschmückt. Die Plätze an den kleinen Tischen sind heiß, aber zivilisiert umkämpft. Hummus mit Brot, mediterrane Oliven oder Süßkartoffeln-Orangen-Suppe. Wem die Wahl schwerfällt, der kann mit einem Cocktail in den Abend starten. Tipp: der Corpse Reviver.

prinzregentenstraße 1, www.goldenebar.de, telefon: 089 54804777, geöffnet: mo-sa 10.00-2.00, so 10.00-20.00, preis: 15 €, straßenbahn: 18 haus der kunst

CATERINA ZARDINI
AMARONE 2004
CLASSICO RISERVA

Currywurst
mit
hausgemachter
Curry-Sauce
3,20

Burger
mit
handgemachter

...krainer
...fem Senf
5,50.-

Gemüse-Couscous
Puffer
mit Sourcream
4,20.-

Garnelenspie...
-Bc...
in
Koriander-Ingwe...
Mari...
5,20.-

Feta in
Sesam-Nuss-Kruste
mit hausgemachten
Asia-Karotten
Krautsalat
4,80.-

Couscous-Lamm-Taler
mit Gurken-Minz-Salat
und Ajvar
4,50.-

ORIGINAL BELGISCHE
POMMES MIT
CEVAPCICI·LOLLIES
& AJVAR
6,80

Shoppen

(2) In einem Studentenviertel darf eine Buchhandlung nicht fehlen. Wie der Name schon vermuten lässt, findet man im **Words' Worth** englischsprachige Bücher, DVDs und auch Postkarten. Vor allem in der Weihnachtszeit ist dieser Laden einen Besuch wert. Denn dann gibt es englischen Tee und Weihnachtspudding für die Kunden.

schellingstraße 3, www.wordsworth.de, telefon: 089 2809141, geöffnet: mo-fr 9.00-20.00, sa 10.00-16.00, u-bahn: 3 & 6 universität

(3) Hinter der Marke **Maloja** verbirgt sich eine Idee, die an einem Wintertag im gleichnamigen Schweizer Dorf entstand. Die Gründer, Klaus und Peter, erlebten dort unvergessliche Momente. Wie groß ihre Liebe zur Natur und wie unkonventionell ihr Denken ist, entdeckt man bei einem Besuch im Jugendstilhaus, in dem sich seit 2009 der erste Maloja-Store befindet. Außer Holzfällerhemden verkaufen sie Ski- und Snowboardhosen, farbenfrohe Mützen, schöne Taschen und einzigartigen Schmuck.

amalienstraße 67, www.maloja.de, telefon: 089 28755955, geöffnet: mo-fr 10.45-19.00, sa 10.45-18.00, u-bahn: 3 & 6 universität

(7) Die pastellfarbenen Kleider von Sessùn aus Marseille, der Schmuck von Virginie Monroe und die Taschen von Craie oder Estellon – alles erinnert ein wenig an die Côte d'Azur. Wer den Laden **Nia. Prêt-à-porter** unelegant betritt, kommt garantiert wieder elegant heraus. Danach bleibt Ihnen nur noch eines: die Ludwigstraße entlangflanieren. Très élégant, très Monaco!

türkenstraße 35, www.nia-pretaporter.de, telefon: 089 28673950, geöffnet: mo-fr 11.00-19.00, sa 10.00-18.00, u-bahn: 3 & 6 universität

(8) Unter weiß-blau gestreiften Markisen locken die zwei großen Schaufenster von **Breitengrad** Käufer an. An den großen Fenstern "kleben" nicht nur Kindergesichter, die sich an den farbenprächtige Sachen im Laden ergötzen: Filzpantoffeln mit bayerischen Motiven, Frühstücksbretter, Postkarten, buntes Picknickbesteck und romantische Spiele mit dito Aufgaben.

schellingstraße 26, telefon: 089 2802325, geöffnet: mo-fr 10.00-19.00, sa 10.00-18.00, u-bahn: 3 & 6 universität

NIA. PRÊT-À-PORTER ⑦

⑨ Männer sollten draußen warten, denn die **Amber Lounge** lässt nur Frauen-
herzen höher schlagen. Mode von See by Chloé und Marc Jacobs, Make-up von
Korres, Schmuck von Swarovski, Kleider von der Designerin Marion Kleinert
und Dessous aus hauchdünner Seide gehen hier weg wie warme Semmeln.
Übrigens stammen die Dessous von Mitinhaberin und Schauspielerin Bettina
Zimmermann, die unter anderem aus dem Fernsehfilm *Lost City Raiders*
bekannt ist.
türkenstraße 51, www.amberlounge.de, telefon: 089 25546793, geöffnet:
mo-fr 10.30-19.30, sa 10.30-18.00, u-bahn: 3 & 6 universität

(17) In der Hohenzollernstraße sollte man einfach seiner Nase nachgehen, denn hier verbirgt sich hinter fast jeder Tür ein toller Laden. **Sinneswahn** ist so ein Schmuckstück, das man nicht verpassen sollte. Hier duftet es immer angenehm, unter anderem aus einem türkisfarbenen offenen Schrank, der mit Einrichtungsgegenständen bekannter Marken vollgepackt ist. Außerdem gibt es Handtaschen, Vasen, Fotorahmen, Postkarten, Kissen und vieles mehr. Kurz: alles, was das Herz begehrt.

hohenzollernstr. 37, www.sinneswahn-wohnideen.de, telefon: 089 38889336, geöffnet: mo-fr 10.30-19.00, sa 10.30-18.00, u-bahn: 2 hohenzollernplatz, straßenbahn: 12 & 27 kurfürstenplatz

(18) **Living Colour** ist ein interessanter Concept-Store, in dem man nicht nur Mode und Accessoires findet, sondern auch Möbel und Geschenke: Röcke von Flamenco, Kleider des irischen Labels Avoca, Kissen vom dänischen Hersteller Au Maison und vieles mehr. Das umfangreiche Sortiment ist bunt gemischt – vielleicht sollten Sie Ihren Geldbeutel besser zu Hause lassen.

hohenzollernstraße 39, www.living-colour.net, telefon: 089 395661, geöffnet: mo-fr 9.30-19.30, sa 10.00-18.00, u-bahn: 2 hohenzollernplatz, straßenbahn: 12 & 27 kurfürstenplatz

(19) Kann man vom Land aus **Milch und Honig** nur träumen? Nein, das versteckt sich bei Milch und Honig. Hier findet man alles für einen gelungenen Wellnesstag zu Hause oder wo auch immer: von Badepralinen und handgefertigten Seifen über Bodylotion mit Rosenduft bis hin zu Dessous und sexy Schlafanzügen aus Seide.

belgradstraße 4, www.milchhonig.de, telefon: 089 34086990, geöffnet: mo-fr 10.30-19.00, sa 10.00-15.00, u-bahn: 2 hohenzollernplatz, straßenbahn: 12 & 27 kurfürstenplatz

(21) München ist nicht nur die Stadt mit den meisten Sushi-Take-aways und -Restaurants Deutschlands, sondern es gibt hier auch japanisches *chiyogami*-Papier, Schokolade von Keiko (die Trüffel mit Orangenfüllung muss man gegessen haben) und zahlreiche Geschenke aus dem Land der aufgehenden Sonne. Jedes Jahr im März wird in der **Kirschblüte** auch das Kirschblütenfest *hanami matsuri* gefeiert.

marktstraße 2, www.kirschbluete-muenchen.com, telefon: 089 51871863, geöffnet: di-fr 12.00-18.30, sa 12.00-16.00, u-bahn. 3 & 6 münchner freiheit

Schwabing &
Englischer Garten

SPAZIERGANG 4 (ca. 11 km)

Der Spaziergang startet am Odeonsplatz ① und der mächtigen Feldherrnhalle. Von dort geht es in die Ludwigstraße. Dieser bis zur Schellingstraße folgen, um links eine Buchhandlung ② zu besuchen. Dann etwas weiter rechts in die Amalien-straße, um bei Maloja ③ vorbeizuschauen. Zurückgehen und der Amalienstraße in die andere Richtung folgen, um Pommes ④ zu essen. Am Ende rechts in die Theresienstraße abbiegen, um einen Tisch zu reservieren ⑤. Danach rechts in der Türkenstraße etwas trinken ⑥ oder französische Mode ⑦ anprobieren. Vorne links in der Schellingstraße finden Sie einen bunten Laden ⑧. Zurückgehen und weiter die Türkenstraße erkunden ⑨ ⑩ ⑪. Dann rechts der Adalbertstraße bis zur Ludwigstraße folgen. Rechts Richtung Ludwig-Maximilians-Universität gehen und in der DenkStätte Weiße Rose ⑫ einiges über mutige Studenten erfahren. Den Professor-Huber-Platz überqueren und über die Veterinärstraße links in die Königinstraße abbiegen, um sich zu stärken ⑬. Ein ganzes Stück weiter links in der Gedonstraße und auch in der Martiusstraße ⑭ Jugendstilarchitektur bewundern. Links in die Leopoldstraße gehen, um den Walking Man ⑮ zu sehen. Zurückgehen und links in die Ainmillerstraße ⑯ einbiegen. Beim kleinen Park am Habsburger-platz rechts in die Friedrichstraße und dann links der Hohenzollernstraße mit den vielen Läden ⑰ ⑱ folgen. Rechts in die Belgradstraße, um einen neuen Duft zu kaufen ⑲. Danach rechts der Kaiserstraße bis zur Wilhelmstraße folgen und sich an der Ecke ein Eis gönnen ⑳. Der Kaiserstraße folgen und am Ende links in die Leopoldstraße gehen. Die Straße überqueren, rechts in die Feilitzschstraße abbie-gen, um Schwabings altes Zentrum zu erkunden. Eine Runde durch die Markt-straße, Haimhauser und Occamstraße drehen, wo Sie schöne Dinge aus Japan ㉑ finden und Wodka kosten können ㉒. Wieder links in die Feilitzschstraße und dann rechts in die Gunezrainerstraße, um sich zu stärken ㉓ für einen Spaziergang durch den Englischen Garten ㉔. Hier können Sie zum Beispiel den Kleinhesseloher See ㉕ umrunden oder rechts zum Chinesischen Turm ㉖ spazieren. Danach den Ausblick vom Monopteros ㉗ genießen, etwas zu trinken kaufen ㉘ oder eine japanische Teezeremonie ㉙ miterleben. Nun gelangen Sie zum Haus der Kunst ㉚ und zur Goldenen Bar ㉛. Den Spaziergang am Eisbach ㉜ abschließen.

U Hohenzollernplatz

HOHENZOLLERNSTRASSE

FRANZ-JOS

KONRADSTRASSE

GEORG

Neue Pinakothek

Alte Pinakothek

Reich der Kristalle

staatl. Mus. für ägyptische Kunst

SPAZIERGANG 2

Palais Pinakothek

OSKAR-VON-MILLER-RING

JÄGERSTRASSE

BRIENNER STRASSE

FINKENSTRASSE

MAXIMILIANSPLATZ

Odeonsplatz U

Start

Residen

SPAZIERGANG 1

Neue Maxburg

1	Odeonsplatz
2	Words' Worth
3	Maloja
4	Pommes Boutique
5	Theresa
6	Café Puck
7	Nia. Prêt-à-porter
8	Breitengrad
9	Amber Lounge
10	Alter Simpl
11	Gartensalon
12	DenkStätte Weiße Rose
13	Königin 43
14	Gedonstraße und Martiusstraße
15	Walking Man
16	Ainmillerstraße
17	Sinneswahn
18	Living Colour
19	Milch und Honig
20	Gelato Bartu
21	Kirschblüte
22	Distillers Bar
23	Seerose
24	Englischer Garten
25	Kleinhesseloher See
26	Chinesischer Turm
27	Monopteros
28	Milchhäusl
29	Japanisches Teehaus
30	Haus der Kunst
31	Goldene Bar
32	Surfen auf dem Eisbach

Haidhausen

Aufstrebender Stadtteil mit Arbeitervergangenheit

Dass der Stadtteil Haidhausen östlich der Innenstadt bislang von einer Touristen-
schwemme verschont geblieben ist, liegt hauptsächlich an der Entfernung zum
Zentrum. Daher sind es auch überwiegend Einheimische, die die kinder-
freundlichen Lokale, romantischen Plätze und schmalen Straßen bevölkern.

Die Geschichte Haidhausens ist mit einem Wort zu umschreiben: Arbeiterviertel. In den Gassen um die St.-Johann-Baptist-Kirche herum wohnten
früher in erster Linie Tagelöhner, Arbeiter und Händler, für die eine Wohnung
innerhalb der Stadtmauern viel zu teuer gewesen wäre. Bezeichnend für jene
Zeit waren die sogenannten Herbergshäuser, in denen man für wenig Geld
ein Zimmer oder eine kleine Wohnung mieten konnte. In manchen Gebäuden
wohnten über 16 Familien auf engstem Raum unter einem Dach zusammen.
Einige dieser Häuser sind erhalten geblieben oder wurden wiederaufgebaut.
Heute sind sie sehr gefragte Immobilien.

5

In den vergangenen Jahrzehnten hat sich in Haidhausen einiges getan. Um 1970 wurde der Stadtteil langsam aus seinem Dornröschenschlaf gerissen. Erst kamen die Künstler und Studenten der 68er-Bewegung, die – ebenso wie die früheren Arbeiter – von den niedrigen Mieten angezogen wurden. Im Zuge dieses Wandels eröffneten Cafés, Galerien und Läden. Haidhausen wurde zudem großflächig renoviert. Kurze Zeit später galt es als schick, in diesem einstigen Herbergsviertel zu wohnen.

Während die Yuppies Haidhausen inzwischen den Rücken kehrten, um sich in den neuen Szenevierteln der Stadt, dem Glockenbach- und Gärtnerplatzviertel, niederzulassen, entdeckten die echten Lebensgenießer den Charme des ursprünglichen Viertels. Sie genießen es, mit dem Buggy über den Weißenburger, Pariser oder Bordeauxplatz zu spazieren und die vielen netten Läden und Cafés im Franzosenviertel zu besuchen. Auch das wachsende kulturelle Angebot – mit Muffatwerk und Gasteig – trug zu einer höheren Lebensqualität in Haidhausen bei.

6 Insider-Tipps

Bayerisches Nationalmuseum

Kulturerbe vom Mittelalter bis zum Jugendstil bestaunen.

Zum Kloster

Bayerische Dorfatmosphäre schnuppern.

Kriechbaumhof

Das älteste Herbergshaus der Stadt aufsuchen.

Konditorei Obori

Köstlichkeiten für ein Picknick einkaufen.

Müller'sches Volksbad

Im Jugendstilschwimmbad entspannen.

Nage und Sauge

Einen Platz in einer versteckten Bar mit guter Speisekarte ergattern.

- 🔵 **Sehenswürdigkeiten**
- ⚪ **Shoppen**
- 🔴 **Essen & Trinken**
- 🟠 **München live**

Sehenswürdigkeiten

(1) Das **Bayerische Nationalmuseum**, eines der bedeutendsten Museen Europas, zeigt eine riesige Sammlung von sakralen und weltlichen Gegenständen vom Mittelalter bis zum Jugendstil. Weltberühmt sind die unterschiedlichen Krippen, die Instrumente der höfischen Musikkunst sowie die mittelalterlichen Stadtpläne. Vor dem Museum steht das Reiterdenkmal des Prinzregenten Luitpold von Bayern. In dessen Amtszeit (1886–1912) wurde in Bayern unter anderem das allgemeine Wahlrecht eingeführt.
prinzregentenstraße 3, www.bayerisches-nationalmuseum.de, telefon: 089 2112401, geöffnet: di-mi & fr-so 10.00-17.00, do 10.00-20.00, eintritt: 7 €, straßenbahn: 17, bus: 100 nationalmuseum oder haus der kunst

(2) Das Haus an der Prinzregentenstraße sowie die Sammlung romantischer Kunst waren beide ein Geschenk Kaiser Wilhelms II. an die Stadt München. Kaiser Wilhelm II. wiederum bekam die Kunstschätze von Adolf Friedrich Graf von Schack. Daher auch der Name des Museums: **Sammlung Schack**. Viele Besucher sind erstaunt über den gewaltigen Umfang der Sammlung spätromantischer, klassizistischer und realistischer Gemälde. Zu den Highlights der insgesamt 270 Werke gehören Böcklins *Villa am Meer*, Lenbachs *Hirtenknabe* und Spitzwegs *Abschied*. Auch die zahlreichen Skulpturen – wie Lenbachs *Venus von Urbino* – sowie die großen Gemälde junger Meister sind imposant.
prinzregentenstraße 9, www.pinakothek.de/sammlung-schack, telefon: 089 23805224, geöffnet: mi-so 10.00-18.00, eintritt: 4 €, kombiticket mit den pinakotheken 12 €, bus: 100 reitmorstraße

(3) Rechts der Isar, an der Prinzregentenstraße, befindet sich ein besonderes Juwel: eine offene Tempelanlage mit einer korinthischen Säule, auf der ein goldener Engel steht. Dieses Denkmal, der **Friedensengel**, wurde zum 25. Jahrestag des Versailler Friedensvertrages nach dem Deutsch-Französischen Krieg (1871) errichtet. Bei der Engelsfigur handelt es sich um Nike, die Siegesgöttin, die in ihrer Hand die Göttin des Kampfes hält, Athene: eine Allegorie auf Krieg und Frieden.
prinzregentenstraße, u-bahn: 4 prinzregentenplatz oder max-weber-platz

(6) Der Prinzregentenplatz wird gesäumt von zahlreichen klassizistischen Bauten und Jugendstilgebäuden. Das Schmuckstück ist das **Prinzregententheater**, in dem anfänglich nur Opern von Wagner aufgeführt wurden. Heute ist es Heimat und Spielstätte der Bayerischen Theaterakademie.
prinzregentenplatz 12, www.prinzregententheater.de, telefon: 089 21852899, geöffnet: öffnungszeiten und preise je nach vorstellung (siehe website), u-bahn: 4 prinzregentenplatz

(11) Der **Kriechbaumhof** ist zweifellos das auffälligste Haus in der Preysingstraße. Im 18. und 19. Jahrhundert war der Holzbau mit den kleinen Arkaden ein Herbergshaus für Arbeiter. Heute ist es das letzte Zeugnis der Holzbautradition Haidhausens bis 1700. Danach wurden nur noch Häuser aus Stein errichtet. Das Haus wird bereits seit Mitte der 1980er-Jahre vom Deutschen Alpenverein als Jugendzentrum genutzt.
preysingstraße 71, www.jdav-muenchen.de, telefon: 089 44770694, u-bahn: 4 & 5 max-weber-platz

(14) Kerzengerade Straßen und breite Alleen verbinden die großen Plätze Haidhausens – wie den Weißenburger Platz und den Bordeauxplatz – miteinander. Es ist eine Gegend mit Barockfassaden, kleinen Läden und Cafés mit original Pariser Tresen. Willkommen im Münchner **Franzosenviertel**! Als sich das Viertel in der Nähe des Ostbahnhofs im 19. Jahrhundert langsam entwickelte, feierten die Deutschen während des Deutsch-Französischen Krieges von 1870/1871 zahlreiche Siege über die Franzosen. Nach den Orten der siegreichen Schlachten wurden die Straßen und Plätze im Franzosenviertel benannt, das heute zweifellos zu den gemütlichsten Gegenden der Stadt gehört.
zwischen wiener platz und ostbahnhof, u-bahn: 5 ostbahnhof, 4 & 5 max-weber-platz

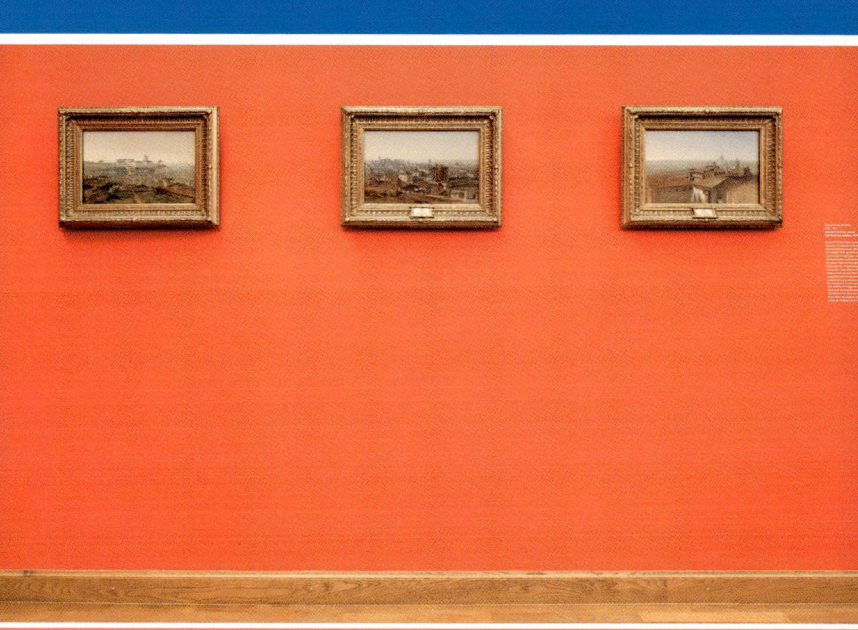

SAMMLUNG SCHACK ②

(26) Über die Architektur des Kulturzentrums **Gasteig** kann man sich durchaus streiten, über dessen Ruf jedoch nicht. Im dem etwas plumpen Backsteinbau mit den großen Fenstern sind nicht nur die Münchner Philharmoniker, sondern auch die größte städtische Bücherei Europas und ein Konservatorium untergebracht. Über 6000 Besucher gehen hier tagtäglich ein und aus, um Ausstellungen zu sehen oder Lesungen und Konzerte mitzuerleben.

rosenheimer straße 5, www.gasteig.de, telefon: 089 54818181, geöffnet: täglich 8.00-23.00, s-bahn: 1-4 & 6-8 rosenheimerplatz, straßenbahn: 16 am gasteig

(27) Wo sich heute das Hilton Hotel und ein Einkaufszentrum befinden, stand einst eine riesige Bierhalle. Im damaligen Bürgerbräukeller fanden fast 1900 Personen Platz. 1923 war dieser Bierausschank den Ausgangspunkt für den gescheiterten Putschversuch Hitlers und 16 Jahre später der Ort, an dem **Georg Elser** seinen, ebenfalls misslungenen, Anschlag auf Hitler verübte. Der bei diesem Attentat schwer beschädigte Bürgerbräukeller wurde renoviert und bis nach dem Krieg für diverse Zwecke genutzt. Heute erinnert lediglich eine **Gedenktafel** an den mutigen Schreiner Elser.

rosenheimer straße 15, s-bahn: 1-4 & 6-8 rosenheimerplatz, straßenbahn: 16 am gasteig

(30) Im **Haus des Alpinismus** auf der Praterinsel ist unter anderem das Alpine Museum untergebracht, in dem die Geschichte des Alpinismus in all ihren Facetten gezeigt wird, bis hin zum Extremklettern, das immer mehr Anhänger findet. Darüber hinaus werden hier Sonderausstellungen geboten wie zum Beispiel 2014 "Alpen unter Druck", in der über die zunehmende Erschließung der Alpen informiert wurde.

praterinsel 5, www.alpenverein.de, telefon: 089 2112240, geöffnet: di-fr 13.00-18.00, sa-so 11.00-18.00, eintritt: 4,50 €, straßenbahn: 18 mariannenplatz

Essen & Trinken

(7) Das Glück, das sie verspürten, als es ihnen gelang, das Lokal mitten in Haidhausen zu mieten, war für die Inhaber Anlass genug, den Namen **Café Glückskind** zu wählen. In dem pastellfarbenen Familienlokal gibt es auch Leckeres für die Kleinsten. Die Eltern können in aller Ruhe speisen und dabei ihre Sprösslinge in der Spielecke mit Pilzhockern im Auge behalten.
seeriederstraße 9, www.cafe-glueckskind.de, telefon: 089 41171667, geöffnet: di-so 9.00-19.00, preis: 9 €, u-bahn: 4 & 5 max-weber-platz

(8) Die Geschmäcker sind verschieden und die Meinungen über das, was auf einen Hamburger gehört, ebenfalls. Große Einigkeit besteht aber in Bezug auf die kleine Fast-Food-Kette **Burger House**: Das frische Bio-Gemüse, das Fleisch von bayrischen Rindern und die hausgemachten Soßen, die für die saftigen Klassiker verwendet werden, kommen bestens an. Die Speisekarte weist auch kreative Kombinationen wie zum Beispiel Trüffelburger mit Champignons auf. Neben diesem Lokal betreibt Burger House noch eine Filiale am Max-Weber-Platz und einen Take-away mit Biergarten in Schwabing.
ismaningerstraße 5, www.theburgerhouse.com, telefon: 089 92586552, geöffnet: mo-fr 11.30-15.30 & 17.00-22.30, sa 12.00-22.30, so 14.00-21.00, preis: 9 €, u-bahn: 4 & 5 max-weber-platz

(13) Ganz am Ende der – autofreien – Preysingstraße findet man plötzlich eine eher dörfliche Atmosphäre vor. Im Restaurant **Zum Kloster**, wo einst Handwerker ihr wohlverdientes Bier tranken, genießen heute Familien mit Kindern auf der Terrasse bayerische und französische Gerichte. Hier zeigt sich, dass München seinen Spitznamen "Millionendorf" zu Recht trägt.
preysingstraße 77, telefon: 089 4470564, geöffnet: mo-sa 10.00-1.00, so 17.00-0.00, preis: 12 €, u-bahn: 4 & 5 max-weber-platz

(19) Dass Suppe gesund ist, ist schon länger bekannt. Dass Suppe auch lecker sein kann, ist eine Tatsache, von der **Spoon Up** seine Gäste gerne persönlich überzeugen möchte. Das Team bietet täglich drei bis vier hausgemachte Suppen an – die sie Genuss für die Seele nennen –, manchmal asiatisch angehaucht, manchmal typisch regional.
weißenburger platz 5, www.spoon-up.de, telefon: 089 44449304, geöffnet: mo-fr 10.00-20.00, preis: 10 €, straßenbahn: 15 & 25 rosenheimer platz

BURGER HOUSE Ⓐ

(20) Der Koch hat Rastalocken, aus den Lautsprechern schallt französische Popmusik, und das Tagesmenü steht in Schönschrift auf einer Wandtafel: Für manchen Einheimischen fühlt sich ein Ausflug ins Franzosenviertel und dort insbesondere ins Restaurant **L'Épicerie d'Anne-Marie** an wie eine Reise nach Paris. Wer hier abends tafeln möchte, sollte reservieren, wer unter der Woche zum Mittagessen herkommt, befindet sich in Gesellschaft von Männern in Maßanzügen.
steinstraße 85, telefon: 089 62232876, geöffnet: mo-sa 11.30-14.00 & 18.00-23.00, preis: 16 €, straßenbahn: 15, 19 & 25 wörthstraße

(22) Ins **Maria Passagne** geht man erst am späten Abend. Nach dem Klingeln summt es etwas, dann öffnet sich die schwarze Tür der Bar. Hinter den roten Samtvorhängen verbirgt sich eine geheimnisvolle Welt, die aus lila Wänden, einer Plastik-Jesusstatue, Jazzmusik und einer großen Cocktailbar besteht.
steinstraße 42, www.maria-passagne.de, telefon: 0177 6924414, geöffnet: mo-do 19.00-1.00, fr-sa 19.00-2.00, preis: cocktail 8 €, straßenbahn: 15, 19, 25 wörthstraße

(25) Schicke Retrofarben aus den 1950er-Jahren, Fischernetze an der Decke und amerikanische Nummernschilder, die an den American Dream erinnern: **Mr. Baker's Coffee** ist zwar nicht das stilvollste Café Münchens, aber durchaus eines der ungewöhnlichsten. Wer hier Starbucks-Atmosphäre erwartet, wird enttäuscht. Es ist ein familiäres Lokal, in dem Kaffee (oder Tee), Kuchen und Ruhe die drei Zauberwörter sind.
steinstraße 12, www.mrbakers.de, telefon: 089 44118681, geöffnet: mo-do 7.00-20.00, fr 7.00-17.00, sa 9.00-16.00, preis: kaffee 3 €, straßenbahn: 16 wiener platz

(31) In einer eher unscheinbaren Straße im Lehel ist **Nage und Sauge** eine angenehme Überraschung. Manche behaupten, Restaurant und Bar erinnern an Berlin, andere halten es für ein typisches Studentenlokal. Über eines sind sich aber alle Gäste trotz der kleinen Speisekarte einig: Das Essen ist schlichtweg grandios. Es kann passieren, dass man hier am frühen Abend keinen freien Tisch mehr findet. Kommen Sie dann einfach später noch einmal auf einen Absacker vorbei.
mariannenstraße 2, www.nageundsauge.de, telefon: 089 298803, geöffnet: mo-sa 17.15-1.00, so 17.15-0.00, preis: 27 €, straßenbahn: 18 mariannenplatz

Shoppen

(4) Was in den 1930er-Jahren als kleiner Kolonialwarenladen begann, hat sich inzwischen zum Feinschmeckerparadies Münchens entwickelt. An Samstagvormittagen ist bei **Feinkost Käfer** immer eine Menge los. Man steht Schlange für Kaviar, Kalbsragout-Pasteten, hausgemachte Bouillabaisse, erlesene Weine und vieles mehr. Und wenn Sie schon mal da sind, können Sie auch gleich im Restaurant (15 Gault-Millau-Punkte) nebenan einen Tisch für einen schönen Abend reservieren.

prinzregentenstr. 73, www.feinkost-kaefer.de, telefon: 089 4168255, geöffnet: mo-do 9.30-20.00, fr 9.00-20.00, sa 8.30-16.00, u-bahn: 4 prinzregentenplatz

(9) Gewagt oder cool, elegant oder bunt, so kleiden sich Elfen in einer Metropole. Ob Dame, Prinzessin oder Girl, das **Fee n kl eid** hat für alle etwas. Hier findet man neben Kollektionen von Designern wie Heidi Reber und Dagmar Huth auch Schmuck, Handtaschen, Mützen und Schals.

kirchenstraße 5, www.feenkleid.de, telefon: 089 53889660, geöffnet: di-fr 11.00-19.00, sa 11.00-15.00, u-bahn: 4 & 5 max-weber-platz

(10) "Organic Fashion made in Germany" ist das Label des Designers Akela Stoklas, das er bereits auf der Fashion Week in New York präsentierte. Jeans, Oberbekleidung und Mäntel – alles wurde aus kontrolliert-biologischen Rohstoffen in Deutschland hergestellt. Interessantes Detail: Bei **Room to Roam** steht jede Saison eine andere Region im Mittelpunkt, im Jahr 2014 war es der Schwarzwald.

johannisplatz 21, www.room-to-roam.com, telefon: 089 45867446, geöffnet: di-mi 9.00-16.00, do-fr 12.00-19.00, sa 11.00-15.00, u-bahn: 4 & 5 max-weber-platz

(15) Vorbei die Zeiten, als Schwangerschaftsbäuche noch versteckt wurden. Heute tragen angehende Mütter Bellybands von Lässig. Für die Kleinen hat **Glückspilz** Kleidchen, Latzhosen und Mützen von Koeka und Global Affairs, Decken von Klippan und Regenkleidung von Color Kids im Sortiment. Manches ist secondhand, anderes nigelnagelneu.

pariser straße 39, www.glueckspilz-muenchen.de, telefon: 089 44140738, geöffnet: mo-fr 10.00-13.00 & 14.30-18.30, sa 10.00-14.00, u-bahn. 5 ostbahnhof

⑱ **CHI*KA**

⑯ Elke Bauer stellt einzigartige Objekte aus Limoges-Porzellan her; Andrea Borst fertigt eleganten Ohr- und Halsschmuck aus Glas. Modedesignerin Gaby Koch zaubert stilvolle Kleider und Röcke aus feinen Stoffen, während Anna Hössle das gemeinsame Atelier **Artisan 37** in der Pariser Straße mit Lichtobjekten aus japanischem Papier ausstattet.

pariser straße 37, www.artisan37.de, telefon: 089 31982308, geöffnet: mo-fr 11.00-19.00, sa 11.00-16.00, u-bahn: 5 ostbahnhof

(17) Für eine Verschnaufpause bietet sich der schöne Weißenburger Platz mit dem Brunnen und den vielen Bänken an. Hier können Sie die Leckerbissen genießen, die Sie sich zuvor in der **Konditorei Obori** besorgt haben. Diese Patisserie einiger japanischer Damen wartet vor allem mit französischen Spezialitäten wie Macarons, Madeleines, Schokoladenmousse, Käse- und Schokokuchen auf. Auch ein heißer Tipp bei schlechtem Wetter, denn man kann auch drinnen im Obori Platz nehmen.

lothringer straße 15, telefon: 089 44142666, geöffnet: mo-fr 9.00-18.00, sa 9.00-14.00, straßenbahn: 15 & 25 rosenheimer platz

(18) Was das Kinderfachgeschäft **Chi*ka** ausmacht, verrät die Website: "Ein Anlaufpunkt für kleine und große Chicas, die pfiffige Trends in der Welt der Accessoires und Geschenkideen suchen." Besser hätte man es nicht formulieren können. Karolina Watamaniuk hat ganz offenbar ein Gespür für die schönsten Kuscheltiere, Sachen fürs Kinderzimmer sowie Kinderkleidung.

weißenburger straße 21, www.chi-ka.de, telefon: 089 66561617, geöffnet: mo-fr 9.30-19.00, sa 10.00-18.00, straßenbahn: 15 & 25 rosenheimer platz

(21) Wer möchte während eines Städtetrips schon einen Teppichladen besuchen, außer in Marrakesch vielleicht? In München sollten Sie es tun, denn **Bernegger** ist ein Muss. In dieser Handweberei gibt es nicht nur Teppiche in diversen Größen und Farben, sondern auch handgefertigte Wollmützen und Strickwesten im Trachtenlook, alles aus Berglandwolle. Ein nettes Andenken für die kalte Jahreszeit.

steinstraße 61, www.teppich-bernegger.de, telefon: 089 485559, geöffnet: mi 9.30-17.30, fr 13.30-18.00, sa 9.30-12.00, straßenbahn: 15, 19 & 25 wörthstraße

(23) Bei **Stein 11** in einem schicken Haus in der Steinstraße gibt es schöne Designermöbel und Bücherregale, Sessel und Sofas. Tische, so wie sie im Schaufenster stehen, werden auf Wunsch maßgefertigt, sogar die Holzart darf man selbst bestimmen. Die meisten Sachen sind zu groß zum Mitnehmen, aber als Inspiration taugen sie allemal.

steinstraße 11, www.stein11.de, telefon: 089 26949963, geöffnet: mo-fr 10.00-14.00 & 15.00-18.00, sa 10.00-16.00, straßenbahn: 16 wiener platz

Haidhausen

Diese Tour beginnt im Bayerischen Nationalmuseum ①, in dem man einige Zeit zubringen kann. Nehmen Sie sich auch etwas Zeit für die Sammlung Schack ②. Danach geht es über die Isar Richtung Friedensengel ③. Hinaufgehen und der Prinzregentenstraße folgen. Unterwegs kommt man an einem Feinkostladen ④, einer Kunsteisbahn, einem Schwimmbad mit Sauna ⑤ und einem Theater ⑥ vorbei. Vor dem Theater rechts der Nigerstraße folgen, die in einen Fußweg übergeht. Rechts in die Einsteinstraße und dann links in die Seeriederstraße, um einen Kaffee oder einen Snack ⑦ zu genießen. Danach rechts in die Kirchenstraße, rechts in die Schloßstraße und dann links zum Max-Weber-Platz. Lust auf einen Hamburger ⑧? Dann in die Ismaningerstraße einbiegen. Zum Platz zurückkehren und dann links in die Kirchenstraße. Hier gibt es Mode für Feen ⑨ und etwas weiter rechts organic fashion ⑩. Den Fußweg rechts der Kirche nehmen, dann links und sofort wieder rechts in die Jugendstraße. Dieser bis zum Ende folgen und rechts abbiegen, um den Kriechbaumhof ⑪ und den Grafenwinkel ⑫ zu bewundern. Links bei Zum Kloster ⑬ eine Pause einlegen. Danach rechts über die Metzstraße in das Franzosenviertel ⑭ spazieren. Den Bordeauxplatz überqueren und rechts in die Pariser Straße, um sich an schönen Dingen zu ergötzen ⑮ ⑯. Geradeaus zum Pariser Platz und dann rechts in die Lothringer Straße, um Leckereien zu kaufen ⑰. Zum Weißenburger Platz weitergehen und rechts in der Weißenburger Straße noch kurz bei CHI*KA ⑱ vorbeischauen, bevor Sie eine Suppe probieren ⑲. Dann rechts in der Steinstraße einen Tisch für den Abend reservieren ⑳. Weitergehen, eine Wollmütze kaufen ㉑ und einen Cocktail trinken ㉒. Oder noch ein Stück gehen, um einen Kaffee zu genießen ㉓ oder Wohnideen zu sammeln ㉔. Weiter zum Wiener Platz ㉕. Danach zurück in die Steinstraße, rechts in die Eggernstraße und der Linkskurve (Holzhofstraße) folgen, um zum Kulturzentrum Gasteig ㉖ zu gelangen. Richtung Rosenheimer Straße weitergehen und bei der Gedenktafel ㉗ kurz innehalten. Der Rosenheimer Straße weiter folgen und am Ende erst links und dann rechts den Fußweg hinunter nehmen, um ein erfrischendes Bad zu genießen ㉘ oder ein Konzert mitzuerleben ㉙. Danach links gehen, um ein Museum am Wasser zu besuchen ㉚. Den Spaziergang jenseits des Flusses in einer Bar abschließen ㉛.

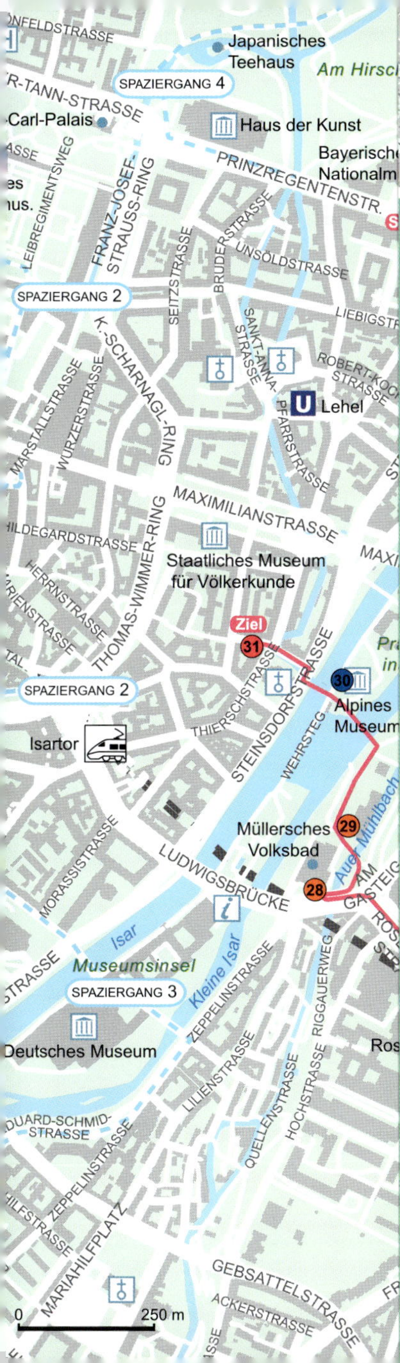

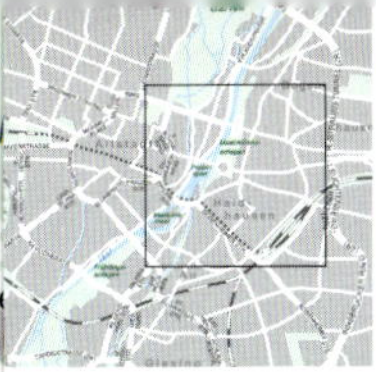

5

NFELDSTRASSE
Japanisches
Teehaus
Am Hirsch
SPAZIERGANG 4
R-TANN-STRASSE
Carl-Palais
Haus der Kunst
PRINZREGENTENSTR.
Bayerische
Nationalm
LEIBREGIMENTSWEG
FRANZ-JOSEF-STRAUSS-RING
SEITZSTRASSE
BRUDERSTRASSE
UNSÖLDSTRASSE
SPAZIERGANG 2
LIEBIGSTR
K.-SCHARNAGL-RING
SANKT-ANNA-STRASSE
PFARRSTRASSE
ROBERT-KOCH-STRASSE
Lehel
MARSTALLSTRASSE
WURZERSTRASSE
HILDEGARDSTRASSE
MAXIMILIANSTRASSE
MAXI
HERRNSTRASSE
THOMAS-WIMMER-RING
MARIENSTRASSE
Staatliches Museum
für Völkerkunde
Pra
in
SPAZIERGANG 2
Ziel **31**
THIERSCHSTRASSE
STEINSDORFSTRASSE
WEHRSTEG
STEINSDORFSTRASSE
30 Alpines Museum
Isartor
Müllersches Volksbad
29
LUDWIGSBRÜCKE
28
Auf Mühlbach
AM GASTEIG
Isar
Museumsinsel
Kleine Isar
SPAZIERGANG 3
ZEPPELINSTRASSE
HOCHSTRASSE
RIGGAUERWEG
ROSE
Deutsches Museum
Ros
DUARD-SCHMID-STRASSE
LILIENSTRASSE
QUELLENSTRASSE
HILFSTRASSE
ZEPPELINSTRASSE
MARIAHILFPLATZ
GEBSATTELSTRASSE
ACKERSTRASSE
MORASSISTRASSE

0   250 m

Schwanthalerhöhe & Sendling

Multikulti auf bayerische Art

Als der als Westend bekannte Stadtteil Schwanthalerhöhe – die Anhöhe neben der Theresienwiese – noch am westlichen Rand Münchens lag, war er wegen der niedrigen Mieten bei Zuwanderern, Senioren und Einkommensschwachen sehr beliebt. Ansonsten wollte hier niemand wohnen: zu wenig Grün, schlichte Architektur, kein Kino, kein Theater, kein Schwimmbad und dazu eine hohe Kriminalitätsrate.

Dies hat sich seit der Verlagerung der Messe an den Stadtrand (1998) stark geändert. Wohnungsbaugenossenschaften und auch Privatleute stecken nun viel Geld in die Aufwertung des Viertels. Auch die Grünanlagen sind nicht wiederzuerkennen: Wo einst Junkies ihrer Sucht nachgingen, lecken heute Kleinkinder an einem Eis, spielen Jugendliche Tischtennis und Ältere Boule. Es siedeln sich immer wieder neue Cafés an, die auf großen Anklang stoßen. Nicht zuletzt wegen der Mietpreise ist das Viertel mit den Wohnblocks voller Arbeiterwohnungen eine der begehrtesten Wohngegenden der Stadt für junge

6

Familien, Singles und Kreative. Eine Entwicklung, auf die Ludwig Schwanthaler, der Bildhauer aus dem 19. Jahrhundert, dessen Bavaria an der Theresienwiese steht, sicher stolz gewesen wäre.

Sendling ist wesentlich älter als München: 1982 feierten die Sendlinger das 1200-jährige Bestehen des Viertels, das ursprünglich Sentilinga hieß und ein typisches Bauerndorf war. Der heutige Stadtteil wird vom Heizkraftwerk und der Großmarkthalle – dem drittgrößten Umschlagplatz für Obst und Gemüse Europas – geprägt. Doch auch die Vergangenheit ist noch an einigen Stellen sichtbar: an der Alten Sendlinger Kirche von 1315 und dem Gehöft Stemmerhof auf der jahrhundertealten Stemmerhofwiese am Sendlinger Berg.

Besonders hübsch ist Sendling nicht. Teure Geschäfte und Sportwagen sind rar in diesem Viertel, der Münchner Schickeria wird man wohl kaum begegnen. Stattdessen trifft man auf Menschen aus aller Welt, die an schönen Tagen mit ihrem Grill, selbst gemachten Salaten und mariniertem Fleisch den Westpark aufsuchen, dort den Tag verbringen und das Leben genießen.

6 Insider-Tipps

Ruhmeshalle & Bavaria

Von der Bavaria aus den Blick über die Stadt erleben

Deutsches Theater

Ein Musical im frisch renovierten Theater verfolgen.

Das Neue Kubitscheck

Ein köstliches Stück Kuchen kosten.

Stemmerhof

Einkaufen in bäuerlichem Ambiente.

Café Westend

Zur Einstimmung auf den Tag ein Sektfrühstück genießen.

HeimatPunk & LuxusBaba

Ein T-Shirt kaufen und Gutes tun.

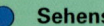 **Sehenswürdigkeiten**   **Essen & Trinken**

 Shoppen   **München live**

Sehenswürdigkeiten

⑤ Zwischen Mai und Oktober findet auf dem **Gollierplatz**, im Herzen des Westends, an jedem zweiten Samstag im Monat ein Flohmarkt statt. Auch an den übrigen 40 Wochenenden ist hier immer etwas los. Und wenn nicht, dann kann man einfach mal die Ruhe genießen.
gollierplatz, geöffnet: mai-okt. an jedem 2. sa im monat 9.00-13.00, u-bahn: 4 & 5 schwanthalerhöhe

⑲ Am 26. September 1980 verwandelte eine mit Nageln und Schrauben bestückte Rohrbombe den Haupteingang des Oktoberfestes in weniger als einer Sekunde in ein Trümmerfeld. Die Tat ging vermutlich auf das Konto eines rechtsextremen Studenten, der bei dem Anschlag getötet wurde. Zwölf Menschen riss er mit in den Tod, darunter drei Kinder, und mehr als 200 Besucher wurden zum Teil schwer verletzt. Das **Denkmal für die Opfer des Oktoberfest-Attentats** erinnert an den schwärzesten Tag in der Geschichte des beliebtesten Volksfestes der Welt.
theresienhöhe 1, u-bahn: 4 & 5 theresienwiese

㉓ Volle fünf Tage dauerte das Fest Ludwigs I. und der schönen Therese von Sachsen-Hildburghausen nach ihrer Hochzeit am 12. Oktober 1810. Ein Jahr später wurde dieses Ereignis erneut gefeiert, und zwar mit einem Pferderennen auf einer Wiese außerhalb der Stadt: der **Theresienwiese**. So entstand das Oktoberfest (Wiesn), ein Brauch, der alljährlich immer mehr Menschen nach München lockt. 2013 besuchten 6,4 Millionen Menschen die Wiesn, die ihren Durst mit etwa 6,7 Millionen Litern Bier löschten.
bavariaring 10, geöffnet: 3. sa im sept.-1. so im okt., u-bahn: 4 & 5 theresienwiese

(24) Wenn die Theresienwiese leer ist, wirkt die 18 Meter hohe "**Bavaria**", die Schutzpatronin Bayerns, noch imposanter. In ein Bärenfell gehüllt und mit einem Schwert ausgestattet wird sie augenscheinlich von den Flügeln der **Ruhmeshalle**, einer dorischen Säulenhalle, umarmt. Zu ihren Füßen sitzt ein Löwe, das Wappentier Bayerns. 126 Stufen führen in der innen hohlen Statue zu einer Aussichtsplattform im Kopf des "Prachtweibs".

theresienhöhe 16, www.schloesser.bayern.de, telefon: 089 290671, geöffnet: apr.-15. okt. täglich 9.00-18.00, während der wiesn täglich 9.00-20.00, eintritt: 3,50 €, u-bahn: 4 & 5 theresienwiese

(27) Von den insgesamt 23 **Nationengärten im Westpark**, die 1983 entstanden sind, blieben die asiatischen Varianten am besten erhalten. Der Japanische Garten mit einer Terrasse im Wasser war der Beitrag Sapporos, einer Partnerstadt Münchens. Der China-Garten, der "Garten von Duft und Pracht", mit seinen Bambuspflanzen und Wasserläufen wurde vom Gartenamt von Kanton entworfen. Für den Bau der Nepal-Pagode neben dem China-Garten benötigten 300 Handwerker sieben Monate. Gegenüber befindet sich die neun Meter hohe Thai-Sala inklusive Buddha-Skulptur.

westpark, u-bahn. 6 westpark, straßenbahn: 18 stegener weg

(29) Ob der **Schmied von Kochel** wirklich so groß und stark war wie das gleichnamige **Denkmal** gegenüber der Alten Sendlinger Kirche (St. Margaret) uns glauben lassen will, sei dahingestellt, aber dass er ein Volksheld ist, so viel steht fest. In der sogenannten Mordweihnacht im Jahr 1705 soll der Schmied, der vermutlich Balthasar Mayer hieß, als Anführer eines Bauernaufstandes gegen die österreichischen Besatzer als Letzter gestorben sein. Insgesamt 1100 schlecht ausgerüstete Bauern und Handwerker fanden in diesem blutigen Kampf, bei dem auch die Sendlinger Kirche schwer beschädigt wurde, den Tod.

plinganserstraße 1, u-bahn: 3 & 6 implerstraße, bus: 53 sendlinger kirche

Essen & Trinken

(1) Lust auf ein ausgiebiges Frühstück? Dann ab ins **Café Westend**. Hier gibt es nach Weltstädten benannte Frühstücke mit Pancakes, Croissants, hausgemachten Marmeladen, einem gekochten Ei, diversen Brotsorten, Mozzarella mit Tomaten, Mortadella und vielem mehr. Frisch gepresster Orangensaft oder Prosecco sind bei einigen ebenfalls enthalten. Wer sich nicht entscheiden kann, der kann sein Frühstück auch selbst zusammenstellen. Tipp: Reservieren schadet nicht.

ganghoferstraße 50, www.cafe-westend.com, telefon: 089 508341, geöffnet: täglich 9.00-1.00, preis: 10 €, u-bahn: 4 & 5 schwanthalerhöhe

(3) Über 40 Jahre betrieb Alexander Grobtisch hier ein Milchgeschäft. Als Kerstin Lohner 2010 den Laden mit den hohen Decken und großen Fenstern sah, war sie begeistert und schlug dem Inhaber eine Kooperation vor. So entstand aus dem Laden das **Café Lohner und Grobtisch**, in dem wechselnde Tagesmenüs angeboten werden. Unter der Woche sitzen hier in der Mittagszeit Geschäftsleute neben Schulkindern, an den Wochenenden treffen sich die Anwohner auf einen Ratsch – oder um die leckeren Pfannkuchen mit frischem Obst zu essen.

sandtnerstraße 5, www.lohnerundgrobtisch.de, telefon: 089 69309250, geöffnet: mo-fr 9.00-18.00, sa-so 10.00-18.00, preis: 7 €, u-bahn: 4 & 5 schwanthalerhöhe

(6) Für einige Anwohner ist das **Café CaVa** zweifellos eine Art Wohnzimmerersatz. An den Wänden hängen alte Werbeschilder, das Interieur ist dunkelrustikal und das Essen wie bei Muttern zu Hause. Die günstigen Mittagsmenüs ziehen tagtäglich nicht nur Studenten, sondern auch Mittdreißiger und Senioren an. Im Sommer sind auch die wenigen Plätze auf der Terrasse sehr begehrt.

kazmairstraße 44, www.cafe-cava.de, telefon: 089 5028584, geöffnet: mo-do 11.00-1.00, fr 11.00-2.00, sa 10.00-2.00, so 10.00-1.00, preis: 10 €, u-bahn: 4 & 5 schwanthalerhöhe

⑦ Lust auf ein einfaches Nudelgericht oder eine Pizza mit Parmaschinken und Rucola? Dann ist **Ecco** Ihr Ziel. Bei den Anwohnern ist das Lokal sehr beliebt, sie kommen gleich nach der Arbeit direkt von der Bushaltestelle oder U-Bahn hierher und freuen sich auf die leckeren Gerichte oder auch auf erfrischende Cocktails wie Aperol Spritz.

kazmairstraße 47, www.ecco-bar.de, telefon: 089 99017979, geöffnet: täglich 11.00-1.00, preis: 10 €, u-bahn: 4 & 5 schwanthalerhöhe

⑧ Für den Kosovaren Vilson und seine vietnamesische Frau Kim war 2014 ein spannendes Jahr. Denn im Juni eröffneten sie ihr schön renoviertes Lokal **Café Gollier**. Neben gutem Dinzler-Kaffee bieten sie vietnamesische Gerichte an und bereiten den Gästen der Pension Belo Sono (siehe S. 8) im gleichen Haus das Frühstück. Ein schönes Beispiel des modernen Westend: multikulti und voll integriert!

gollierstraße 36, www.cafe-gollier.de, telefon: 089 20188886, geöffnet: mo-fr 7.30-17.00, sa 9.00-17.00, u-bahn: 4 & 5 schwanthalerhöhe

⑩ Wenn Bier in München nicht einen so hohen Stellenwert hätte, wäre die Stadt gewiss um einige schöne Biergärten ärmer. Im Westend gibt es einen der besten: den Hinterhofbiergarten vom **Wirtshaus Zur Schwalbe**. Hier trinkt man in den Sommermonaten ein Augustinerbier oder genießt eine deftige bayerische Mahlzeit. Wer will, kann seine sportlichen Ambitionen auf der Kegelbahn unter Beweis stellen.

schwanthalerstraße 149, www.zurschwalbe.de, telefon: 089 23239665, geöffnet: täglich 11.00-1.00, preis: 13 €, u-bahn: 4 & 5 schwanthalerhöhe, straßenbahn: 18 & 19 schrenkstraße

⑫ Nicht nur der Name des Ladencafés klingt französisch, auch die Atmosphäre im **Marais** ist es. Lassen Sie sich von den zahlreichen Details in den Bann ziehen und erwerben Sie ein altes Pillendöschen oder Spielzeug aus dem letzten Jahrhundert. Man sieht, dass die Inhaberin mal Sammlerin von Opernrequisiten war. Wer beim Stöbern Appetit auf ein Menü mit französischem Wein bekommt, findet vis-à-vis im Marais Soir die Lösung seines Poblems.

parkstraße 2, www.cafe-marais.de, telefon: 089 50094552, geöffnet: di-sa 8.00-20.00, so 10.00-18.00, preis: 10 €, u-bahn: 4 & 5 theresienwiese, straßenbahn: 18-19 holzapfelstraße

⑬ Dass sämtliche Eissorten bei **Punto G. Gelato** hausgemacht sind und stets frisch zubereitet werden, schmeckt man. Unbedingt probieren sollten Sie eine Kugel Schoko-Ingwer-Eis – da schwinden all Ihre Sorgen für kurze Zeit einfach dahin.

schwanthalerstraße 131, www.facebook.com/PuntoGgelato, telefon: 089 12193175, geöffnet: täglich 11.30-22.00, preis: eis 1,40 €, u-bahn: 4 & 5 theresienwiese, straßenbahn: 18-19 holzapfelstraße

⑰

①

⑯ Ganz langsam und fast unbemerkt hat sich die Kazmairstraße in den letzten Jahren in ein Klein-Italien verwandelt. Ein Besuch bei **Sarfati**, Weinbar, Restaurant und Vinothek in einem, ist wie ein Kurztrip nach Mailand. Spezialisiert ist der Laden von Stefano auf Biowein, der wie der frische Fisch, die Kräuter und der beliebte *burrata* aus Italien oder anderen Mittelmeerländern importiert wird. Tipp: Lassen Sie sich von Livia aus Florenz beraten, dann dürfen Sie sicher auch probieren. Salute!

*kazmairstraße 28, www.sarfati.de, telefon: 089 45237867, geöffnet:
mo-fr 12.00-15.00 & 18.00-23.00, sa 18.00-0.00, preis: 16 €, u-bahn: 4 & 5
schwanthalerhöhe*

(17) Im **Café Cocoa** ist der Name Programm. Denn hier können Sie aus vielen verschiedenen warmen und kalten Kakaos auswählen. Außerdem werden Schokosmoothies und Schokofrappées zubereitet. Probieren Sie zum Beispiel die marokkanische Variante mit Orange oder den pikanten Chill Bill. Wer nicht so auf süß steht, bestellt einfach einen Kaffee.

kazmairstraße 24, www.cafecocoa.de, telefon: 089 5029294, geöffnet: mo, mi-do 9.00-19.00, fr-sa 9.00-22.00, so 10.00-22.00, preis: warmer kakao 4 €, u-bahn: 4 & 5 schwanthalerhöhe

(18) **Das Neue Kubitscheck** ist eine Patisserie im coolen New-York-Stil. Hier kann man mit einem orientalisch angehauchten Frühstück in den Tag starten, Bio-Torten oder -Kuchen probieren oder nach einer langen Shoppingtour den Abend mit einem Schwarzwälder Tannenzäpfle-Bier ausklingen lassen.

gollierstraße 14, www.das-neue-kubitscheck.de, telefon: 089 72669222, geöffnet: mo-fr 9.00-22.00, sa-so 10.00-22.00, preis: stück torte/kuchen 4 €, u-bahn: 4 & 5 schwanthalerhöhe

(22) Reif für eine Verschnaufpause? Dann bietet sich die Terrasse des **Cafés am Beethovenplatz** an und zur Stärkung der beste Kaiserschmarrn der Stadt. Der Flügel im Inneren steht dort nicht zu Dekorationszwecken – in dem Lokal mit Wiener Ambiente wird regelmäßig Livemusik gespielt. Fragen Sie also gleich mal nach dem Abendprogramm.

goethestraße 51, www.mariandl.com, telefon: 089 55291053, geöffnet: täglich 9.00-1.00, preis: 15 €, u-bahn: 3 & 6 goetheplatz

(25) Bereits der Name verrät, was sich hinter **Frau Li** verbirgt. Aber statt für rote Lampions an der Decke und goldene Drachen an den Wänden hat die Innenarchitektin sich für eine stilvolle Einrichtung mit Gebrauchtmöbeln entschieden. In ihren Gerichten mischt sie die Küchen unterschiedlicher Länder aus Fernost. Ungewöhnliche Fusionsküche also!

franziska-bilek-weg 1, www.frauli-muenchen.de, telefon: 089 50073298, geöffnet: mo-fr 10.00-23.00, sa-so 12.00-23.00, preis: 12 €, u-bahn: 4 & 5 schwanthalerhöhe

⑭ **PARKE 6**

Shoppen

(2) Bevor Sie selbst zuschlagen, wollen Sie erst etwas für die Kids einkaufen? Dann kommen Sie in den noch jungen Laden **Nyani**, der im Sommer 2014 seine Türen öffnete. Hier bekommen Sie niedliche Baby- und Kinderkleidung (bis acht Jahre), teils im Trachtenlook. Tolles Mitbringsel: eine Kuschelbreze. *anglerstraße 19a, www.nyani.de, telefon: 089 15893470, geöffnet: mo-fr 14.00-17.30, sa 11.00-14.00, u-bahn: 4 & 5 schwanthalerhöhe*

(4) Die neun Silber- und Goldschmiede von **Silberfisch** sind weit über die Stadtgrenzen hinaus bekannt. Sie setzen magische Steine in handgeschmiedete Ringe ein, gravieren Inschriften in Tafelsilber, verwandeln ein Stück von einer alten Gardinenstange in einen Kettenanhänger und zaubern im Handumdrehen aus einer Haarspange eine Brosche. *heimeranstraße 55, www.silber-fisch.de, telefon: 089 5022386, geöffnet: mo-fr 11.00-18.30, sa 10.00-16.00, u-bahn: 4 & 5 schwanthalerhöhe*

(11) Es hat ein paar Jahre gedauert, aber jetzt sind Grimms Hänsel und Gretel auch nach München gekommen: Bei **Haenselgret** handelt es sich um ein Fachgeschäft für Kinderspielzeug, handgehäkelte Mützen, farbenfrohe T-Shirts und Latzhosen. Hier gibt es alles bis Größe 128, auch eine große Auswahl an Secondhandkleidung. *schwanthalerstraße 141, www.haenselgret.de, telefon: 089 72632377, geöffnet: di-mi & fr 10.00-18.30, sa 10.00-14.30, u-bahn: 4 & 5 theresienwiese, straßenbahn: 18 & 19 schrenkstraße*

(14) Das **Parke 6** ist ein Geschäft, an dem Fans von Designermode – Frauen wie Männer – ihre helle Freude haben. Beinahe alle Stücke stammen von Münchner Designern wie Hannes Roether, Haltbar, Hannibal und Kathan. Außerdem findet man hier Mode vom Berliner Label Hüftgold und von Hope aus Stockholm. *parkstraße 6, www.parke6.de, telefon: 089 21111843, geöffnet: mo-di 11.00-16.00, mi-do 15.00-19.00, fr 13.00-19.00, sa 12.00-19.00, u-bahn: 4 & 5 theresienwiese, straßenbahn: 18-19 holzapfelstraße*

(15) Der Laden ist winzig, aber die Ambition dahinter riesig. Egal, welches Kleidungsstück Sie bei **HeimatPunk & LuxusBaba** auch kaufen, Sie tun damit immer etwas Gutes. Die Kleidung, die Laura Reinemer von HeimatPunk ein- und verkauft, stammt aus fairer Produktion und ein Teil des Erlöses geht an Hilfsbedürftige. Und Simone Graber von LuxusBaba beherrscht wie keine andere die Kunst, aus etwas Altem ein elegantes Kleid oder Top zu kreieren. Auf dem Etikett jedes Kleidungsstücks steht, aus was es hergestellt wurde. *ligsalzstraße 27, www.heimatpunk.de, www.luxusbaba.de, geöffnet: di-fr 11.00-19.00, sa 11.00-16.00, u-bahn: 4 & 5 schwanthalerhöhe*

(28) Der **Stemmerhof** ist so urig wie eh und je, auch wenn es hier schon lange keine Kühe mehr gibt. In diesem einstigen Milchbetrieb kann man sich heute mit Bioprodukten eindecken, beim Fisch Häusl Fisch essen, in der Piadina Bar eine piadina formaggio genießen oder im Restaurant Stemmerhof ausgiebig tafeln. Außerdem gibt es einige kleine Läden, die einen Besuch wert sind: Goldschmiedin Kerstin Lind stellt schönen Schmuck her, und bei Natur & Kind finden Sie Babykleidung und Spielzeug. *plinganserstraße 6, www.stemmerhof.de, telefon: 089 76755960, geöffnet: geschäfte mo-fr 10.00-19.00, sa 10.00-16.00, restaurant mo-do & so 10.00-0.00, fr-sa 10.00-1.00, u-bahn: 3 & 6 implerstraße, bus: 53 sendlinger kirche*

Schwanthalerhöhe & Sendling

SPAZIERGANG 6 (ca. 13,5 km)

Starten Sie in den Tag mit einem Frühstück im Café Westend (1), einem Besuch in einem Kinderladen (2) oder schauen Sie bei Lohner & Grobtisch (3) in der Gerolt-straße vorbei. Schmuckfans wenden sich links in die Heimeranstraße (4). Dann geht es rechts über die Anglerstraße Richtung Gollierplatz (5) und rechts in die Bergmannstraße. Lust auf ein Mittagessen? Dann links in die Kazmairstraße (6) (7). Danach links in die Gollierstraße, um rechts Kaffee zu trinken (8) oder ein Souvenir zu schneidern (9). Zurückgehen, rechts in die Ganghoferstraße und wieder rechts in die Schwanthalerstraße, um einen Tisch oder eine Bowlingbahn zu reservieren (10). Für noch mehr Kindersachen (11), ein Café mit französischem Flair (12) und eine eiskalte Nachspeise (13) geradeaus gehen. Dann zurück zur Parkstraße, um links Designermode (14) anzuprobieren. Weiter Richtung Gollierstraße. Erst rechts und dann links in die Ligsalzstraße, wo noch mehr Mode wartet (15). Rechts in der Kazmairstraße italienisches Flair schnuppern (16). Zurückgehen, wenn Sie Lust auf einen Kakao haben (17). Oder weiter über die Parkstraße in Richtung Gollierstraße gehen, wo Leckermäuler auf ihre Kosten kommen (18). Weiter geht es Richtung Theresienhöhe mit dem Oktoberfest-Denkmal (19). Dann links gehen und die Pauls-kirche (20) besuchen. Danach in die Landwehrstraße und links in die Goethestraße. Rechts in der Schwanthalerstraße Eintrittskarten kaufen (21). Zurückgehen und links in die Schillerstraße. Die zweite Straße rechts und dann links in die Goethestraße, um etwas zu trinken (22). Den Beethovenplatz überqueren, in die Beethovenstraße gehen, über den Kaiser-Ludwig-Platz links in die Schubertstraße. Der Straße folgen und auf die Theresienwiese (23) spazieren. Nach einem Besuch der Ruhmeshalle und Bavaria (24) rechts hinaufgehen. Die Straße überqueren und rechts das Ver-kehrsmuseum umrunden, um ein Asia-Essen (25) zu genießen. Danach weiter zum Bavariapark und von dort über den Max-Hirschberg-Weg und die Ganghoferbrücke Richtung Westpark (26). Am Ende des Parks finden Sie die Nationengärten (27). Den Park beim Nestroy-Garten verlassen. Dann rechts in die Zillertalstraße, links in die Ortlerstraße, die in die Margaretenstraße mündet. Der Straße bis zum Ende folgen und links in die Straße An der Stemmerwiese einbiegen. Beim Park rechts in die Jägerwirtstraße. Links können Sie shoppen (28) und rechts den Schmied von Kochel (29) begrüßen.

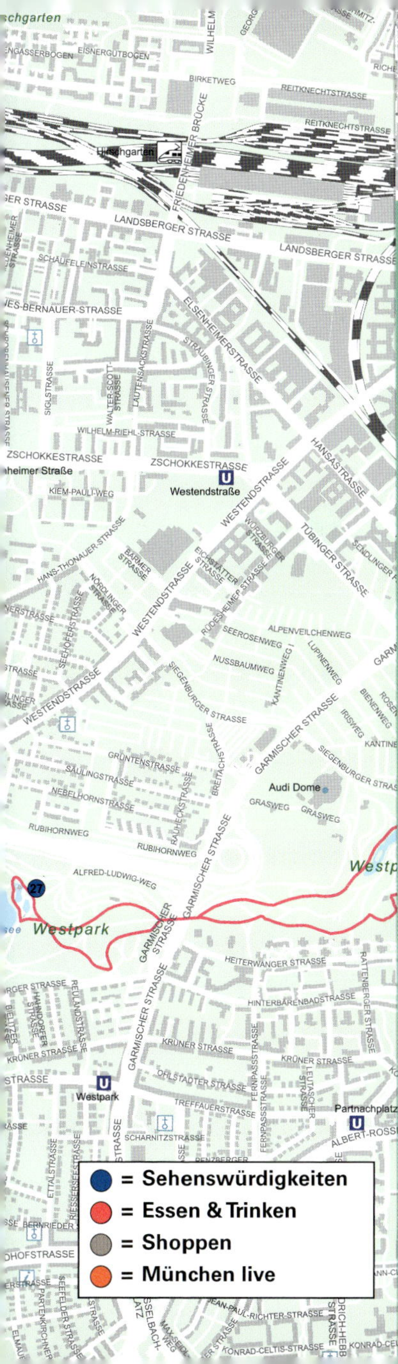

6

● = Sehenswürdigkeiten
● = Essen & Trinken
● = Shoppen
● = München live

Weitere Sehenswürdigkeiten

Wer den in 100% München beschriebenen Routen folgt, entdeckt viele Schön-
heiten der Stadt. Doch auch Orte abseits der Spaziergänge sind natürlich einen
Besuch wert. Einige davon sind nachfolgend beschrieben. Manche dieser
Sehenswürdigkeiten sind vom Zentrum aus schwer zu Fuß zu erreichen, mit
dem öffentlichen Nahverkehr ist das aber kein Problem. Die dazugehörigen
Buchstaben finden Sie auf der Übersichtskarte vorn im Cityguide.

(M) Der **Olympiapark** wurde 1972 für die Austragung der 20. Olympischen
Sommerspiele angelegt. Zweifellos das auffälligste Bauwerk ist das Olympiastadion mit dem größten Zeltdach der Welt. Hier werden Klettertouren angeboten, die etwa zwei Stunden dauern und dabei pures Abenteuer und viel
Adrenalin versprechen. Ein weiteres Highlight: der Olympiaturm. Im oberen
Teil befindet sich ein Drehrestaurant mit einer phänomenalen Aussicht.
*spiridon-louis-ring 21, www.olympiapark.de, telefon: 089 30670, geöffnet: täglich
9.00-0.00, eintritt: turm 5,50 €, dachführung 41 €, u-bahn: 3 olympiazentrum*

(N) Das futuristische Gebäude der **BMW Welt** ist 24 Meter hoch, 180 Meter
lang und 130 Meter breit. Obwohl BMW es in erster Linie für die Auslieferung
seiner Fahrzeuge bauen ließ, finden hier auch Ausstellungen, Lesungen und
Konzerte statt. Für Kinder im Alter von 7–13 Jahren gibt es den Junior Campus,
in dem sie alle Facetten der heutigen Mobilität erleben können. Das BMW
Museum nebenan ist ein Muss für Fans von Oldtimern.
*am olympiapark 1, www.bmw-welt.com, telefon: 089 125016001, geöffnet:
täglich 9.00-18.00, eintritt: frei, bmw-museum 9 €, werksführung 8 €, u-bahn:
3 olympiazentrum*

(O) Die **Allianz Arena**, die gigantische "Luftmatratze" an der A9 vor der Toren
der Stadt, ist eines der modernsten Fußballstadien Europas und das drittgrößte
Deutschlands. Spektakulär ist die Außenhaut des Stadions, die außer in Weiß
noch in zwei weiteren Farben erstrahlen kann: in Rot, wenn der FC Bayern
spielt, und in Blau, wenn der TSV 1860 München ein Heimspiel bestreitet. Wer
mehr erfahren möchte, kann sich einer Stadionführung anschließen.
*werner-heisenberg-allee 25, fröttmaning, www.allianz-arena.de, telefon:
089 350948350, führung: täglich 11.00, 13.00, 15.00 & 16.30, führung: 10 €,
u-bahn: 6 fröttmaning*

OLYMPIAPARK Ⓜ

Ⓟ **Schloss Nymphenburg**, die Sommerresidenz der Wittelsbacher, gehört zu den schönsten Barockschlössern Europas. Der Bauherr, König Ferdinand Maria, ließ dieses Schloss für seine Frau errichten, nachdem sie ihm einen Thronfolger geschenkt hatte. Die Symmetrie des Haupthauses und die Flügel erinnern an Schloss Versailles. Zu den Highlights des Schlosses zählen der Festsaal mit den Fresken ("Steinerner Saal") und die Schönheitengalerie König Ludwigs I. Tipp: ein Spaziergang durch den Park entlang der schönen Parkburgen (kleinere Schlossbauten).

schloss nymphenburg 1, www.schloss-nymphenburg.de, telefon: 089 179080, geöffnet: täglich apr.-15. okt. 9.00-18.00, 16. okt.-märz 10.00-16.00, eintritt: 6 €, straßenbahn: 17 schloss nymphenburg

Ⓟ SCHLOSS NYMPHENBURG

Ⓠ Nördlich des Nymphenburger Parks wurde 1914 der neue **Botanische Garten** eröffnet. Auf einer Fläche von 22 Hektar wachsen nicht weniger als 14.000 Pflanzenarten. Links vom Haupteingang an der Menzinger Straße befinden sich einige Gewächshäuser mit tropischen Pflanzen. In einem davon kann man im Frühjahr tropische Schmetterlinge bestaunen.

menzinger straße 61-65, www.botmuc.de, telefon: 089 17861316, geöffnet: täglich nov.-jan. 9.00-16.30, febr.-märz & okt. 9.00-17.00, apr. & sept. 9.00-18.00, mei-aug 9.00-19.00, eintritt: 4 €, straßenbahn: 17 botanischer garten

Ⓡ Gleich nach seiner Ernennung zum Reichskanzler 1933 ließ Adolf Hitler ein Konzentrationslager für politische Gefangene bauen, das erste seiner Art. Vom einstigen Komplex sind noch einige Teile erhalten geblieben. Ein Besuch der **KZ-Gedenkstätte Dachau** ist ein bedrückendes Erlebnis, bei dem man Fotos, Dokumente und andere Gegenstände aus jener Zeit besichtigen kann. Der Film *Das Konzentrationslager Dachau* wird täglich um 9.30, 11.00, 13.30, 14.30 und 15.30 Uhr gezeigt.

alte römerstraße 75, dachau, www.kz-gedenkstaette-dachau.de, telefon: 08131 69970, geöffnet: täglich 9.00-17.00, eintritt: frei, s-bahn: 2 dachau und dann bus: 726 richtung saubachsiedlung bis kz-gedenkstätte haupteingang

Ⓢ Nördlich der Stadt, nur zehn Kilometer von der Altstadt entfernt, liegt der Ort **Schleißheim**. Hier befinden sich gleich mehrere Schlösser. Das Neue Schloss, ein Barockschloss, wurde im Auftrag des Kurfürsten Max Emanuel Anfang des 18. Jahrhunderts als Königsresidenz errichtet, obwohl ihm der Königstitel verwehrt bleiben sollte. Im Neuen und im Alten Schloss sind Werke großer Maler zu sehen. Am Ende des Kanals im Schlosspark liegt außerdem noch ein drittes Kleinod, Schloss Lustheim, das eine schöne Sammlung von Meißner Porzellan beherbergt.

max-emanuel-platz 1, oberschleißheim, www.schloesser-schleissheim.de, telefon: 08931 3158720, geöffnet: apr.-sept. di-so 9.00-18.00, okt.-märz di-so 10.00-16.00, eintritt: altes schloss 3 €, neues schloss 4,50 €, kombiticket inkl. schloss lustheim 8 €, s-bahn: 1 oberschleißheim oder bus: 292 mittenheimer straße oder schloss lustheim (nur mo-fr)

Ⓣ Die Anziehungskraft des "Heiligen Bergs" von Andechs war schon im 12. Jahrhundert immens, als noch die Grafen die Region regierten und ihre Untertanen die heiligen Reliquien in der fürstlichen Burg verehren durften. Ihre Macht endete allerdings um 1246, als die Wittelsbacher die Burg zerstörten. Die Wiederentdeckung der Reliquien 140 Jahre später war die Initialzündung für den Bau des **Klosters Andechs**. Die klostereigene Brauerei, die auch heute noch Bier produziert, nahm vermutlich erst später ihren Betrieb auf. Tipp: Nehmen Sie an einer Brauereiführung teil (auch ohne Reservierung möglich).

bergstraße 2, andechs, www.andechs.de, telefon: 081 523760, geöffnet: kloster, kirche und brauerei-café täglich, brauereiführung juni-sept. di-mi 10.45-11.45, brauereiführung: 5,50 €, s-bahn: 8 herrsching und dann bus: 951 kloster andechs

Ausgehen

München hat für Nachtschwärmer eine gute und eine schlechte Nachricht. Die gute: Das Nachtleben ist jung, pulsierend und abwechslungsreich. Die schlechte: Es ist nicht immer ganz einfach, die guten Adressen zu finden. Die Juwelen unter den Münchner Clubs und Kneipen sind gut gehütete Geheimnisse. Im Allgemeinen gilt, dass Clubgänger sich gerne zwischen Sonnen- und Maximilianstraße, vor allem in der Nähe des Maximiliansplatzes, aufhalten. Die größte Auswahl an Bars, Cafés und Kneipen bieten das Gärtnerplatz- und Glockenbachviertel. Die Clubs in der Maxvorstadt und in Schwabing füllen sich meist erst spätabends mit schicken Menschen, während man am Ostbahnhof eher in den klassischen Diskotheken abtanzt. In Prinz (*www.muenchen.prinz.de*) und IN (*www.inmuenchen.de*) erhält man weitere Informationen. Nachfolgend sind einige Münchner Ausgehmöglichkeiten aufgeführt. Die jeweiligen Buchstaben finden Sie auf dem Übersichtsplan am Anfang dieses 100% Cityguides.

(U) Als das **Paradiso** noch Old Mrs Henderson hieß, war Freddie Mercury ein regelmäßiger Gast. Heute ist das Lokal, das seit 2008 Paradiso heißt, nach wie vor ein Tanztempel, in dem bis in die frühen Morgenstunden gefeiert wird. Die Musik reicht von Klassikern von Dean Martin bis zu aktueller Popmusik und R&B – da ist für jeden Geschmack etwas dabei. Wer nach 23 Uhr kommt, muss mit langen Warteschlangen am Eingang rechnen. Tipp: Am frühen Abend den Eintrittsstempel abholen und anschließend einen Cocktail in einer der vielen Bars in der Müller- oder Buttermelcherstraße trinken.
rumfordstraße 2, www.paradiso-tanzbar.de, telefon: 089 263469, geöffnet: fr-sa 22.00-5.30, eintritt: 5 €, straßenbahn: 16 & 18 reichenbachplatz

(V) An Samstagabenden ist die Müllerstraße einer der Hotspots der Stadt. In dieser lauten Straße reihen sich die Bars wie Perlen an einer Schnur aneinander. Eine der beliebtesten und für das Glockenbachviertel typischsten ist die **Lorettabar**. Seit der Wiedereröffnung 2012 ist das Lokal nicht mehr nur Café, sondern auch Bar mit einer riesigen Cocktail- und Weinauswahl. Die Preise sind gehoben, für einen Cocktail zahlt man schnell 9 Euro. Münchner Nachtschwärmer haut das allerdings nicht wirklich um.
müllerstraße 50, www.loretta-bar.de, telefon: 089 23077370, geöffnet: mo-do 8.00-1.00, fr 8.00-3.00, sa 9.00-3.00, so 10.00-20.00, preis: cocktail 9 €, u-bahn: 3 & 6 sendlinger tor, straßenbahn: 16 & 18 müllerstraße

Ⓦ Ob Studenten aus der Maxvorstadt, Yuppies aus Haidhausen oder Künstler aus dem Westend – im **BobBeamanClub** kommen alle zusammen. Der Club, der nach der amerikanischen Weitsprunglegende benannt wurde, ist vor allem wegen der lockeren Atmosphäre und des guten Sounds beliebt.
gabelsbergerstraße 4, www.bobbeamanclub.com, telefon: 0177 2547476, geöffnet: fr-sa ab 23.30, eintritt: 10 €, u-bahn: 4 & 5 odeonsplatz

Ⓧ Im Jazzclub **Unterfahrt**, laut dem internationalen Jazzmagazin Downbeat einer der 100 besten Jazzclubs der Welt, herrscht eine Atmosphäre wie in einem New Yorker Nachtclub. Es finden regelmäßig Jamsessions und BigBand-Nights statt.
einsteinstr. 42, www.unterfahrt.de, telefon: 089 4482794, geöffnet: 19.30-1.00, eintritt: wechselnd, u-bahn: 4 & 5, straßenbahn: 16 & 19 max-weber-platz

Alphabetischer Index

Thematischer Index

MÜNCHEN LIVE

Impressum

Dieser 100% Cityguide wurde mit größter Sorgfalt zusammengestellt. mo media GmbH ist nicht verantwortlich für eventuelle inhaltliche Fehler. Anmerkungen und/oder Kommentare können Sie gern an **mo media GmbH, Elisabethkirchstraße 17, 10115 Berlin** oder per mail an **info@momedia.com** richten.

autoren
Irene Venghaus (Aktualisierung),
Evelyn Laureyns

fotografie
Vincent van den Hoogen,
Marjolein den Hartog

übersetzung
bookwerk GbR Köln/München

lektorat
Caroline Kazianka (Aktualisierung, für bookwerk), Tom Seidel/Ulrike Grafberger

schlussredaktion
Annette Steger, mo media

konzeptgestaltung
Studio 100%

gestaltung & lithografie
Mastercolors Mediafactory

kartografie
Van Oort Redactie en Kartografie

 100% München
ISBN 978-3-95831-007-0

© mo media GmbH, Berlin,
aktualisierte Neuausgabe, März 2015

100% CITYGUIDES

100% TRAVELGUIDES

Ausführliche Informationen zum 100% Programm finden
Sie auch auf unserer Homepage unter **www.100travel.de**

Meine 100% Geheimtipps (Notizen und Ideen)

....

....

....

....

....

....

....

....

....

....

....

....

....

....

....

....

Folgen Sie uns auf und teilen Sie Ihre eigenen 100% Tipps!

Mehr zu 100% unter: **www.100travel.de**

100% MÜNCHEN

SPAZIERGANG 1: ALTSTADT WEST
In der von alten Stadttoren begrenzten Innenstadt gibt es die Frauenkirche und das Glockenspiel am Marienplatz zu bestaunen. In der Sendlinger Straße finden Sie zahlreiche kleine Läden, in der Maximilianstraße teure Modegeschäfte. Stärken kann man sich unter anderem mit Schmalznudeln im Café Frischhut.

SPAZIERGANG 2: MAXVORSTADT & ALTSTADT OST
Die Maxvorstadt ist von der Technischen Universität und von Museen geprägt, in denen unter anderem Kunstwerke von Picasso, Rubens und Kandinsky hängen. Im Osten der Altstadt findet man die prunkvolle Residenz. Gönnen Sie sich anschließend eine Mass Bier im Hofbräuhaus.

SPAZIERGANG 3: ISARVORSTADT & AU
Im In-Viertel zwischen Gärtnerplatz und Isar mit seinen vielen Boutiquen und extravaganten Bars ist immer etwas los. Dennoch kann man hier der Hektik des Zentrums etwas entfliehen. Im Sommer sind die Isar-Ufer echte Hotspots – vor allem natürlich dann, wenn die Sonne scheint.

SPAZIERGANG 4: SCHWABING & ENGLISCHER GARTEN
Schwabing, das alte Künstlerviertel der Stadt, ist eine Gegend mit historischen Jugendstilhäusern. Links der Leopoldstraße befinden sich zahlreiche angesagte Läden und Studentencafés. Rechts davon, im Englischen Garten, kann man herrlich picknicken, Rad fahren oder die Surfer am Eisbach bewundern.

SPAZIERGANG 5: HAIDHAUSEN
Der aufstrebende Teil des sanierten Arbeiterviertels Haidhausen mit seinen historischen Herbergshäusern und Plätzen ist sehr malerisch und strahlt teilweise sogar ein französisches Flair aus. Hier laden das Müller'sche Volksbad zum Baden und Relaxen und die Muffathalle zum Musikhören ein.

SPAZIERGANG 6: SCHWANTHALERHÖHE & SENDLING
Die Schwanthalerhöhe, vor allem das Westend, war früher noch ein Problemviertel ("Glasscherbenviertel"), inzwischen hat sich das ziemlich geändert. Seit Jahren wird im großen Stil renoviert und es schießen neue Läden, Ateliers und Cafés wie Pilze aus dem Boden. Wer etwas Erholung braucht, kann gemütlich durch den Westpark in Sendling schlendern.

1 0 0 % M Ü N C H E N

In München, der bayerischen Landeshauptstadt, gibt es natürlich viel mehr zu erleben als das Oktoberfest – doch wo fängt man am besten an? Sicher wollen Sie im Hofbräuhaus das weltberühmte Bier probieren, den Marienplatz und die Frauenkirche sehen und über den pulsierenden Viktualienmarkt und den Gärtnerplatz schlendern. Werfen Sie einen Blick in eine der vielen prachtvollen Barockkirchen und bewundern Sie das prunkvolle Erbe der Kurfürsten und Könige, von denen Bayern einst regiert wurde. Schloss Nymphenburg strahlt den Glanz vergangener Zeiten aus. 100% München zeigt Ihnen, was Sie auf keinen Fall verpassen sollten. Sightseeing & Shopping, Ausgehen & Abenteuer – die übersichtlichen Stadtpläne weisen Ihnen den Weg.

AUF 6 SPAZIERGÄNGEN 100% MÜNCHEN ERLEBEN!